Schriften der Brüder Grimm Gesellschaft Kassel e. V. Band 17

Herausgegeben von Ariane Garlichs

Kinder leben mit Märchen

Im Erich Röth-Verlag Kassel

CIP-Titelaufnahme der Deutschen Bibliothek

Kinder leben mit Märchen/hrsg. von Ariane Garlichs. – Kassel : Röth, 1988
(Schriften der Brüder Grimm-Gesellschaft Kassel e.V.; Bd. 17)
ISBN 3-87680-351-9

NE: Garlichs, Ariane [Hrsg.]; Brüder Grimm-Gesellschaft: Schriften der Brüder Grimm-Gesellschaft ...

Der Druck wurde durch die Stadtsparkasse Kassel gefördert

 Printed in Hungary
Aus der Garamond-Antiqua gesetzt und gedruckt
von der Druckerei Szegedi Nyomda, Szeged
ISBN 3-87680-351-9

Der vorliegende Band will dazu anregen, daß Erwachsene und Kinder gemeinsam Märchen hören oder lesen, die dazu in ihnen aufsteigenden Bilder und Gedanken sich gegenseitig zu erzählen, um mehr von der vielschichtigen Wirklichkeit, in der wir leben, zu erfahren. Die einzelnen Beiträge haben die Beziehung von Kindern und Märchen zum Thema – jeder auf eine besondere Weise. Rudolf Messner zeichnet ein Bild davon, wie Kinder sich der Märchen bemächtigen, an ihnen neue Sinnerfahrungen machen, »Lösungen für ihre Probleme im Rahmen ihres Weltbildes … erhalten.« Aber er geht auch darauf ein, daß »nicht jedes Märchen in jeder Situation für jedes Kind oder für jede Altersstufe (taugt)« und daß es nicht darum gehen kann, Kindern Märchen aufzudrängen, um sie auf Konflikte zu stoßen, die (noch) gar nicht ihre Konflikte sind. Allerdings ist es schwer vorauszusagen, welche Elemente eines Märchens ein Kind besonders beschäftigen. Nicht nur die Märchen selber halten überraschende Wendungen bereit, sondern auch die Kinder reagieren auf sie immer wieder unvermutet, wie Eugen Mahler an Gesprächen mit seinen Töchtern zeigt. Diese wunderten sich über die Maßen, daß Gründlinge, die ihnen vom täglichen Spielen am Fluß her vertraut waren, Einem, der auszog, das Fürchten zu lernen, Angst machen konnten. Sie fanden andere Begebenheiten beunruhigender.

Kinder hören Märchen aus ihrem lebensgeschichtlichen Zusammenhang, auf der Basis der von ihnen erfahrenen Lebensverhältnisse und Beziehungen. Das gilt auf eindringliche Weise auch für die kranken Kinder, mit denen Gisela Haas gearbeitet hat. In ihre Märchenbilder haben sie ihr Leid und ihre Hoffnung hineingeschrieben und dadurch einen Weg gefunden, von sich selber zu erzählen.

Der letzte Beitrag richtet das Augenmerk des Lesers auf Märchen außerhalb des deutschen Sprachraums. Christa Heinemann hat Schülerinnen und Schüler aus ihrer Klasse, deren Eltern in fremden Ländern beheimatet sind, angeregt, Märchen ihrer Herkunftsländer nachzuerzählen, mit Hilfe deutscher Schulkameraden zu überarbeiten und zu dokumentieren. Die Schüler lassen uns teilhaben an dem Reichtum ihrer heimatlichen Kultur und zugleich an der Vielgestaltigkeit der Gattung Märchen.

Die Beiträge sind – bis auf die von Christa Heinemann gesammelten Märchen – im Rahmen einer Veranstaltungswoche entstanden, die die Interdisziplinäre Arbeitsgruppe Grundschulpädagogik der Gesamthochschule Kassel gemeinsam mit Kindern, Eltern, Lehrern, Studenten und Hochschullehrern gestaltet hat. Die Veranstaltungswoche umfaßte ganz unterschiedliche Aktivitäten und schloß mehr an Kinderleben ein, als es Vortragstexte zu dokumentieren vermögen. Es gab u.a. Märchenaufführungen von Kindern für Kinder, umfangreiche Ausstellungen mit Kinderarbeiten und als Höhepunkt ein großes Märchenfest. Allen Kindern und Erwachsenen, die zum Gelingen dieser Tage beigetragen haben (insbesondere Heinz Ullrich und Herbert Hagstedt, denen die Organisationslast der Veranstaltung oblag), ist dieses Buch gewidmet. Daß es dazu beiträgt, Märchen mit Kindern auf vielfältige Weise neu zu entdecken, ist mein Wunsch.

Die farbigen Abbildungen entstammen der Ausstellung »Kind und Märchen«, die Heinz Ullrich im November 1985 aus Arbeiten von Grundschülern der Stadt und des Landkreises Kassel zusammengestellt hat. Die Schwarzweißabbildungen wurden von Li und Heinz Ullrich und Christa Heinemann zur Verfügung gestellt.

Allen beteiligten Kindern und Lehrern sei an dieser Stelle für ihre Mitarbeit gedankt.

Ariane Garlichs

Rudolf Messner

KINDER UND MÄRCHEN
was sie verbündet und was sie trennt

...und sie wollten von den Märchen nicht lassen

Es bietet sich an, als Einführung in das Thema selbst eine märchenhafte Geschichte zu erzählen:[1]

Es lebten einmal in einer Stadt zwei Brüder. Da ihnen ihr Vater früh gestorben war, wohnten sie mit ihrer Mutter und ihren vier unversorgten Geschwistern zusammen. Als nun auch die Mutter starb und obendrein im Lande Krieg geführt wurde, war ihre Not groß. Die beiden Brüder waren jedoch fleißig und belesen und so fanden sie am Schloß und in der Bibliothek ihres Fürsten ihr täglich Brot. Nun hatte alles Elend ein Ende, und sie konnten von früh bis spät nach Herzenslust in alten Büchern lesen.

Eines Tages aber kam ihnen der Gedanke, die alten Geschichten, die man sich im Volk erzählte und die oft aus fernen Zeiten und Ländern stammten, für Erwachsene und Kinder zu sammeln. Da die beiden Brüder einander von Herzen zugetan waren, machten sie sich sogleich gemeinsam an die Arbeit. Während Jacob getreulich und streng Wort für Wort aufschrieb und erläuterte, ließ sich Wilhelm, der jüngere der beiden Brüder, von manchen der Erzählungen, die Märchen hießen, verzaubern. Und er zauberte selbst ein wenig von seiner Phantasie in sie hinein, wenn ihm eine Geschichte gar zu ärmlich und spröde oder zu wenig geeignet für Kinder erschien. Die Kinder gaben ihm recht, denn es fanden sich mehr und mehr, welche die Märchen der beiden Brüder gerne hörten oder lasen.

Und die Erwachsenen? Nun, viele von ihnen lobten die Märchen über den grünen Klee, andere aber hielten sie für schädlich. Es seien Geschichten voll Aberglauben, sagten sie, und manche handelten von Diebereien und Hochstapeleien, ja noch schlimmer, von Giftmord und Kindesraub. Solche Geschichten würden die Seelen der Kinder vergiften.

Das erstaunte die beiden Brüder. Und weil sie wohl auch ein wenig erschrocken waren, sah Wilhelm die Geschichten noch einmal durch und machte sie da und dort ein wenig gehöriger und frommer. Rapunzel zum Beispiel durfte nun nicht mehr zur Fee sagen: »Sag Sie mir doch, Frau Gothel, meine Kleiderchen werden mir so eng und wollen nicht mehr passen.« (Worauf diese ausrief: »Ach du gottloses Kind!«) Da hätte ja jeder denken müssen, daß zwischen Rapunzel und dem Königssohn etwas Unerlaubtes geschehen sei. Rapunzel mußte nun das heimliche Heraufziehen des Königssohnes anders verraten: »Sag Sie mir doch, Frau Gothel, wie kommt es nur, Sie wird mir viel schwerer heraufzuziehen als der junge Königssohn, der ist in einem Augenblick bei mir.« (Worauf die Fee, aus der inzwischen eine Zauberin geworden war, wiederum ausrief: »Ach du gottloses Kind...!«)

Den Kindern wars einerlei. Immer weiter verbreiteten sich die Märchenbücher über die ganze Welt, und immer mehr Kinder lasen sie. Aber die Erwachsenen waren nicht so leicht zu beruhigen. Sie grübelten und grübelten, was es denn nun eigentlich mit den Märchen auf sich hätte und sagten viele kluge Gedanken dazu. Manche sagten, diese Geschichten trügen die alten Geheimnisse aus der Vorzeit und überhaupt die guten alten Tugenden in sich. Andere fanden, das Schönste an den Märchen wäre, daß man mit ihnen, wenn man es nur klug anstellte, die Kinder brav und fleißig machen könnte und sie dazu erziehen, nicht vom Wege abzugehen, immer auf Vater, Mutter und Lehrer zu hören und ihr letztes Hemdlein zu opfern. Wieder andere sagten, man könne die Märchen nur verstehen, wenn man sehe, daß in ihnen heimlich eine ganze Wissenschaft verborgen wäre, die man erst jetzt entdeckt habe. Sie hieße Psychoanalyse und lehre, daß die Geschichten der beiden Brüder in Wirklichkeit Geschichten über die geschlechtliche Entwicklung des Menschen wären und die Konflikte, die dabei mit Vater und Mutter entstünden...

Wir müssen hier vieles überschlagen – bis wir in eine Zeit und in ein Land kommen, in dem plötzlich alle riefen, jetzt müßten sich endlich die Menschen zusammennehmen und sich um eine Sache kümmern, die sie »Emanzipation« nannten. Wie schlecht sahen da die meisten Märchen aus! Sie erschienen als Schundgeschichten aus der Feudalzeit, voll von Grausamkeit, Gewalt und Unterdrückung von Frauen und kleinen Mädchen, an denen sich die Kinder ihre Phantasie verderben mußten, so daß sie die Gesellschaft nicht mehr besser machen wollten, sondern hinter dem Ofen sitzen blieben und nur mehr vom glücklichen Leben mit Prinzen oder Prinzessinnen träumten, das es aber nur in ihren Träumen gab.

Viele Schulleute und Gelehrte wiegten bedächtig ihre Köpfe und sagten, nun müsse man doch endgültig überlegen, ob man den Kindern, die immer noch eifrig Märchen lasen, auch erlauben dürfe, diese Märchen zu lesen. Vielleicht müßte man die Märchen umschreiben, damit die Kinder nicht mehr von diesen schrecklichen Verbrecher-Eltern hörten wie in »Hänsel und Gretel« oder von den narzißtischen Spielen der Prinzessin mit dem Goldball wie im »Froschkönig« oder der sozialen Resignation dieses auf Erlösung »von oben« wartenden Aschenputtels.

Da trat eines Tages ein alter Mann auf. Der hatte schrecklich lange über den Sinn der Märchen nachgedacht und ein dickes Buch über die Frage geschrieben, warum Kinder Märchen bräuchten. Zwar hatte er zum Entsetzen der Märchenkritiker deren Bücher nicht gelesen – und schien überhaupt eine Art Immunität gegen das zu haben, was diese »Ideologiekritik« der Märchen nannten. Aber er schien sehr klug und erfahren, so daß ihm fast alle Leute glaubten, daß Märchen etwas Wunderbares wären und Kinder durch sie stärkere, reifere und mutigere Kinder würden (wenn ihnen nur die Erwachsenen die richtigen Märchen ließen).

Da waren die Märchenkritiker aber baff. Jahrelang verschlug es ihnen die Sprache. Aber dann versammelten sie sich wieder und sagten, jetzt hätte man lange genug auf den alten Mann gehört. Jetzt müsse man auch ihnen zuhören und gerade jetzt, da man die beiden Brüder so feiere, müsse man die Märchen zumindest vom Sockel auf den Boden heben. Und sie brachten viele Gründe vor, warum die Märchen recht antiquiert, keineswegs von universeller Bedeutung und, ja doch, unpolitisch-biedermeierliche Feudalgeschichten seien. Andere waren damit aber noch nicht zufrieden, sondern stampften mit dem Fuß auf und riefen, sie wollten jetzt ihren Grimm auf Märchen zeigen. – Da hättet ihr wieder die Märchenanhänger sehen sollen ...

Wir müssen uns aber von ihnen abwenden, da wir die Kinder ganz vergessen haben. Was taten die Kinder? Sie kümmerten sich nicht um den Streit der Erwachsenen. Irgendwie aber wußten sie alle, wer Dornröschen war und Rumpelstilzchen und Schneewittchen und die so erstaunlich hilfsbereite Großmutter des Teufels. Sie ließen sich Märchen erzählen (und wollten vorher nicht einschlafen), hörten sie auf Kassetten und sahen sie im Fernsehen, brachten die Wölfe aus Rotkäppchen und den Sieben Geißlein durcheinander und wollten von den Märchen nicht lassen.

Soweit die einleitende Geschichte über den bis in die Gegenwart reichenden Bedeutungs-Streit um Märchen und die – offensichtlich ungebrochene – Faszination, welche diese Gattung auf Kinder ausübt. Aber stimmt die Behauptung über die anhaltende Attraktivität der Märchen für Kinder auch heute noch?

Es erschien nicht tragbar, sich in dieser für das Thema so grundlegenden Frage auf das bloße Hörensagen zu verlassen. Aus diesem Grund haben drei Mitarbeiterinnen gemeinsam mit mir insgesamt 16 Kinder im Alter zwischen 4 und 10 Jahren befragt – keine repräsentative Gruppe, aber doch eine Palette unterschiedlicher Mädchen und Jungen mit einer, wie sich zeigen sollte, überraschend hohen Übereinstimmung in den grundlegenden Aussagen über Märchen.[2]

Welches Verhältnis haben heutige Kinder zu Märchen?
Zunächst: alle befragten Kinder kennen Märchen, wobei die Grimmschen Märchen bei weitem dominieren. Von diesen wiederum wurden von der Kindergruppe insgesamt die Titel von etwa 35 der bekanntesten Stücke genannt. Wie bei anderen Befragungen stehen »Dornröschen«, »Sneewittchen«, »Aschenputtel« »Hänsel und Gretel«, »Frau Holle«, »Brüderchen und Schwesterchen« und »Rumpelstilzchen« obenan; zu den selten genannten Märchen gehören »Die drei Spinnerinnen« und »Gevatter Tod«. Je ein Kind nannte nordische und afrikanische Märchen. Manche Kinder waren in der Unterscheidung zwischen Geschichten und Märchen sehr genau, andere aber mischten ungeniert Till Eulenspiegel, den Räuber Hotzenplotz, Struwwelpeter, Kasperl und sogar eine Figur der Muppet-Show unter die Märchengestalten. Ähnlich bunt waren die Verhältnisse bei der Frage, ob die Kinder den Märchen im direkten Erzählen oder über Medien begegnen. Es gibt zwar noch das abendliche Vorlesen; auch die Kinder erzählten oft mit großer Eindringlichkeit bekannte und selbsterfundene Märchen. Im ganzen gesehen aber scheinen in den Familien Erzählen und Lesen gegenüber dem Märchenkonsum durch Kassetten und das Fernsehen zurückzutreten. Märchen im Fernsehen fanden die meisten Kinder übrigens am schönsten.

Viele Kinder traten als kleine Medienprofis auf – aber der leichte Neid auf ihre Unbekümmertheit in der Nutzung technischer Medien zerrann rasch angesichts der sich hinter dieser scheinbaren Reichhaltigkeit andeutenden Armut an Situationen, in denen Kinder heutzutage noch Geschichten, eingebettet in menschliche Zuwendung, erfahren können.

Dennoch: wie unterschiedlich naturgemäß die 4- oder die 10-jährigen auch darüber sprachen: zu unserer Überraschung schienen *alle* Kinder recht intensive Beziehungen zu Märchen zu haben.

Die Erscheinungsformen reichten von einem schwärmerischen »Ich finde alle Märchen schön!« bis zur Identifikation mit einzelnen Lieblingsmärchen und -gestalten, immer verbunden mit der von allen als am wichtigsten empfundenen Eigenschaft »daß Märchen gut ausgehen«. Einige Kinder berichteten allerdings auch von ziemlichem Erschrecken über Märchenszenarien, in einem Falle ersichtlich belastend. Als wir mehrfach leicht zweifelnd fragten, ob denn nicht störe, daß die Märchen aus alter Zeit stammten, wurde uns tröstend versichert: »Nee, das finde ich grad schön dran!« Oder: »Stört mich nicht, ich kann sie ja heutzutage noch im Fernsehen sehen und in Bilderbüchern angukken!«

Für die befragten Kinder existieren Märchen als medien- (und schul-) vermittelter selbstverständlicher Teil ihrer Lebenswelt. Die Märchengestalten, –handlungen und –situationen ziehen, wie noch im erinnernden Bericht erkennbar wird, intensive Gefühle und Identifikationen der Kinder auf sich. Deutlich war noch das Nacherleben der Affektgeladenheit von Märchengeschehnissen zu spüren, wenn etwa ein Vierjähriger, bei einer Frage nach dem Wolf in den »Sieben Geißlein« ausrief: »Aber nicht bei der Tür hereinlassen!« Oder wenn ein 7-jähriges Mädchen zu »Frau Holle« lakonisch feststellt: »Eine ist hingegangen und hat lauter Gold gekriegt. Ist die andere hingegangen und hat lauter Flecken draufgekriegt.« In Erinnerung geblieben ist mir auch, mit welcher verschwörerischen und lustvollen Eindringlichkeit ein 5-jähriges Mädchen dreimal ihre Erinnerung an die Errettungsszene im »Dornröschen« wiederholte: »Mit Küßchen hat er sie wieder aufgeweckt. Hat Küßchen draufgegeben. Mit Küßchen hat er sie aufgeweckt.«

Wir dürfen also wohl davon ausgehen, daß es den merkwürdigen alten Geschichten, die Märchen genannt werden, wie in früheren Generationen auch heute noch gelingt, die sich entwickelnde Seelenlandschaft der meisten Kinder mit ihren Bildern und ihrer Sprache zu prägen: »Spieglein, Spieglein, an der Wand...«, »ach, wie gut..., daß niemand weiß...«, »Stroh zu Gold gesponnen...«, »Nun komm ich noch einmal und dann nimmermehr...«[3] Mit dieser Sprache graben sich – so darf man annehmen – in das Bewußtsein der Kinder lebenslang nachklingende Symbole für innere Befindlichkeiten ein. Das gilt nicht nur für positiv besetzte Symbole, sondern auch für die Figuren, welche die Ablehnung und das Mißfallen der Kinder auf sich ziehen, wie die grausamen Stiefmütter, die bedrohlichen Hexengestalten, die Wolfsfigur oder die neidisch-rivalisierenden Geschwister. Trotz vielfacher Beschäftigung mit dem Thema macht die unmittelbare Erfahrung der anhaltenden Tiefenwirkung der Märchen auf Kinder immer wieder staunen. Wodurch bringen es diese Geschichten wohl fertig, daß Kinder so selbstverständlich in sie eintauchen, ihre Polarität

von Gut und Böse mit tiefster Beteiligung – bis zum Erschrecken und Mitzittern – nachvollziehen, alle Verzauberungen und Verwandlungen als gleichsam naturnotwendig akzeptieren und mit so starker Befriedigung den siegreichen Weg des Helden innerlich miterleben? Wodurch ist es erklärlich, daß selbst Neun- und

Zehnjährige angesichts der Frage, was sie zum Ende der Hexe in »Hänsel und Gretel« meinten, nicht einfach auf den (ihnen durchaus bewußten) fiktiven Charakter der Geschichte verweisen und sagen: »Das gibt es ja alles nicht!«, sondern sich umständliche Rechtfertigungen dafür ausdenken, ob Gretel und Hänsel nicht

doch in Notwehr gehandelt hätten oder ob man die Hexe im Sinne eines humanen Strafvollzugs nicht doch hätte nur ins Gefängnis stecken sollen. Um dann, wie eine Neunjährige, doch wieder vehement in folgender Weise zu urteilen: »Eigentlich finde ich das ganz gerecht mit der Hexe. Sie tut mir auch nicht leid, weil es ihr bestimmt auch nicht leid getan hätte, wenn die Kinder verbrannt wären. Sie hätte sie ja auch aufgefressen. Jemand hat gesagt, man hätte die Hexe ins Gefängnis stopfen können. Aber das geht nicht. Die Hexe hätte sich ja wegzaubern können. Und dann ist sie wieder frei.«

Für manchen Leser mag allerdings die märchentypische Verstrikkung des Innenlebens der Kinder in solche magischen Praktiken und Vernichtungsrituale, wie sie das Märchen »Hänsel und Gretel« von seinen Lesern erzwingt, ein Ärgernis sein. Aber andererseits muß als Ergebnis der kleinen Befragung festgehalten werden, daß bei Kindern nach wie vor ein starkes Verlangen danach besteht, ihre beträchtlichen Kräfte zum Einfühlen, zum Sich-in-andere-Versetzen und zum Mitleiden Grimmschen Geschichten zuzuwenden.

Das scheinbar Befremdliche am Märchen: Beispiel »Rotkäppchen«

Wenigstens an einem Beispiel soll angedeutet werden, wie merkwürdig und erklärungsbedürftig eine solche Bereitschaft von Kindern am Ende des 20. Jahrhunderts eigentlich erscheinen muß, wenn man sich die oft verworrene Themengeschichte der Erzählungen vergegenwärtigt, die schließlich vor mehr als 170 Jahren durch die Brüder Grimm ihre bis heute auf Kinder nachwirkende Form gefunden haben.

Gewählt sei dazu das Beispiel des Märchens »Rotkäppchen«. Dies deshalb, weil sein Inhalt allgemein bekannt ist und in seinem Fall vielfältiges Material und interessante Rekonstruktionsversuche seiner Vorgeschichte bis zur Grimmschen Fassung vorliegen (zuletzt zusammenfassend aus zivilisationstheoretischer Sicht dargestellt als »Biographie eines europäischen Märchens« vom amerikanischen Märcheninterpreten Jack Zipes).[4]

Was weiß man über die Herkunft der Geschichte vom »Rotkäppchen« (*und* dem Wolf, wie eines der befragten vierjährigen Kinder jedesmal hinzufügte)? Zunächst ist bekannt, woher die Brüder Grimm den Text haben. Das Rotkäppchen wurde ihnen im Herbst 1812 von ihren Beiträgerinnen Jeanette und Marie Hassenpflug in zwei Versionen erzählt (vgl. Rölleke 1985/86 Bd. 3, 454). Die beiden Töchter des Kasseler Regierungsbeamten, in dessen Haus ausschließlich französisch gesprochen wurde, stützten sich

dabei auf eine Erzählung, die auf vielen Umwegen in die Volkstradition zurückgekehrt war, ihren Ursprung aber höchstwahrscheinlich in der Märchensammlung besitzt, die Charles Perrault, ein Dichter und Essayist im absolutistisch-bürgerlichen Frankreich, um 1700 herausgebracht hat. Entsprechend der Manier der damaligen Zeit erscheint das »Rotkäppchen« bei ihm als eine gut erzählte pointierte Moralgeschichte. »Meister Wolf« tritt als Sinnbild für sexlüsterne Kavaliere auf, vor denen kleine und hilflose, aber bildhübsche Bürgermädchen (so das Frauenbild im Perrault-Text) auf der Hut sein müssen (wenn sie nicht wie die Heldin gefressen werden wollen). Unmißverständlich heißt es bei Perrault am Ende eines belehrend-warnenden Anhangs (vgl. Zipes 103):

Es gibt auch (Wölfe), die freundlich sind, die ohne Lärm, ohne Gemeinheit und ohne Wut, sehr zurückhaltend, freundlich und sanft den jungen Damen folgen
bis zu ihren Häusern, bis in die Gassen.
Aber o weh! Wer weiß nicht, daß diese sanften Wölfe von allen Wölfen die gefährlichsten sind.

Die den Brüdern Grimm bekannt gewordene Fassung weist, entsprechend dem bürgerlichen Geschmack um 1800, gegenüber der Perraultschen Version erhebliche Stilisierungen auf, die sich als Verniedlichung und Pädagogisierung verstehen lassen. Aus dem jungen Mädchen ist nun beispielsweise ein vor-pubertäres Rotkäppchen-*Kind* geworden. Auch die Bearbeitung Wilhelm Grimms dürfte in diese Richtung gegangen sein (vgl. Zipes 34 ff.). Andererseits war *er* es aber auch, der durch Anleihen bei der Tieckschen Fassung und überhaupt durch die poetische Gestaltung und das magisch-märchenhafte Grundverständnis des Inhalts das weltberühmt gewordene biedermeierliche Märchen von der »kleinen süßen Dirne« und ihrem anrührenden Schicksal entstehen ließ.

Woher aber kommt die Perraultsche Geschichte vom Rotkäppchen? Was ging ihr voraus? Auf diese Fragen gibt es eine Reihe von Deutungen, die es in sich haben. Einigermaßen sicher ist allerdings nur, daß Perrault auf eine – von ihm umgestaltete – Volkserzählung zurückgegriffen hat. Aber wie sah diese aus? Seit der »Rotkäppchen-Dissertation« von Marianne Rumpf werden Ursprung und Inhalt der Rotkäppchen-Erzählung in Zusammenhang mit spätmittelalterlichen Geschichten aus dem bäuerlichen Frankreich um 1500 gesehen, durch welche vor allem die besonders bedroht erscheinenden Mädchen vor Werwolf-Gefahren in Feld und Wald gewarnt werden sollten. Jedenfalls gibt es eine auffallende Parallele zwischen den in Frankreich im 15. bis 17. Jahrhundert im Gefolge von Hungersnöten und Verelendung auftretenden Werwolf-Bezichtigungen und Werwolf-Prozessen und den in denselben Regionen feststellbaren Rotkäppchen-Versionen. Es wäre ja denkbar, daß beschuldigte und geängstigte Menschen zur Erklärung des sonst an Gewaltdelikten unbegreiflich Bleibenden auf die Erinnerung an urzeitliche magische Praktiken des sich in einen Wolf verwandelnden Mannes zurückgegriffen haben. Die Werwolf-Geschichten sind allerdings selbst wiederum abergläubische Verzerrungen urzeitlicher Praktiken, in denen sich Schamanen durch die symbolische Verwandlung in ihn die Kräfte und die Aggressivität des Wolfes beschwörend einverleiben wollten.

Nun haben jedoch die Annahmen über eine derartige Herkunft der Vorläufer der Perraultschen Rotkäppchen-Geschichte trotz aller stützenden Belege lediglich *hypothetischen Charakter*. Dies gilt auch für die vom französischen Märchenforscher Delarue 1885 in Nievre entdeckte mündlich überlieferte »Geschichte von der Großmutter«, die starke Beweise für die Interpretierbarkeit der Rotkäppchen-Urfassung als einer Warngeschichte vor dem Werwolf zu liefern scheint. Alle diese Rekonstruktionen haben insofern nur spekulativen Wert, als die tatsächlich von Perrault benutzten Quellen in ihrer Form unbekannt sind, so daß neben der beschriebenen möglichen Traditionslinie durchaus noch andere Ursprünge der Rotkäppchen-Erzählung vorstellbar sind.

Wie immer das Ur-Rotkäppchen gelautet haben mag, so spricht doch alles dafür, daß das scheinbar so einfache Märchen der Brüder Grimm vielfältige und vielfach verwandelte Motive aus sehr unter-

schiedlichen Zeitaltern und Lebenssituationen in sich aufgenommen haben dürfte: Mythisches, mittelalterliche Not, Volksglauben, Reste frühbürgerlicher Standeserziehung, biedermeierliche Idylle und Prüderie. Und so gesehen muß denn auch die Frage erlaubt sein, inwiefern thematisch derart heterogene magische Geschichten für heutige Kinder bedeutsam sein können. Oder wie Rudolf Schenda, einer von jenen, die mit scheinbar zwingenden Gründen »das Monument Märchen vom Sockel heben« wollen, feststellt: »Ein modernes Kind kann sich doch ... in diesen alten Erzählungen von notleidenden Helden und Errettung durch magische Helfer überhaupt nicht mehr wiederfinden: ihre Probleme liegen doch auf ganz anderer Ebene und sind viel komplexer« (39 f.).[5]

Die Antwort, zu der man, zugegeben als »Freund« der Gattung Märchen, gelangt, lautet so: man darf die Entstehungsgeschichte des »Rotkäppchens« nicht nur als Sachgeschichte über die Vermischungen widersprüchlicher kultureller Motive sehen, sondern kann und soll sie auch als Geschichte der produktiven poetischen Neuschaffung der Gattung des Kindermärchens verstehen, die in der Romantik und dort wieder in der Gestaltungsarbeit von Jacob und Wilhelm Grimm ihren Höhepunkt gefunden hat. Oder anders gesagt: durch die romantischen Erzähltraditionen in Volk und Bürgertum und durch die poetisch-pädagogische Gestaltung, insbesondere durch den darum besonders bemühten Wilhelm Grimm, erfuhren die Märchen – unter Bewahrung ihres archaischen Gehalts – erst eine existentielle und ästhetische Profilierung, die sie Kindern und Erwachsenen als bis heute nachwirkendes Erzählgut bedeutsam gemacht hat.[6] Aus dem Rotkäppchen ist dabei ein reizvolles, wenn auch vielleicht allzu verniedlichtes, in seinem vielschichtigen Inhalt aber – wie Hans Ritz gezeigt hat – beinahe unausschöpfliches Stück Poesie geworden.

Freilich blieben in den Märchen vielerlei widerständige gesellschaftliche und mythische Gehalte bestehen. Auf deren Problematik wird später noch zurückzukommen sein. Aber zunächst gilt eine Antwort darauf zu versuchen, worin denn die bis heute unveränderte Faszination der Märchen auf Kinder ihre Gründe hat.

Zur inneren Verwandtschaft zwischen Kindern und Märchen

Worin besteht also das im Titel genannte Bündnis zwischen dieser alten Textart und dem Bewußtsein von Kindern, die auch heute noch nach ihr verlangen?

Aufschluß über diese Frage kann, da es sich um ein Problem der Wirkung von Textinhalten auf Menschen einer bestimmten *Entwicklungsphase* handelt, am ehesten von psychologisch-psychoanalytischen Überlegungen erwartet werden. Im folgenden soll daher auch – ohne die Bezüge immer ausdrücklich zu erwähnen – auf mehr oder weniger bekannte Gedanken Bettelheims zurückgegriffen werden (und auf solche von Freud, Charlotte Bühler, Piaget und Melanie Klein).[7]

Damit soll allerdings nicht ausgedrückt werden, daß Märchen in ihrer Bedeutung durch psychologische Deutungen vollständig zu verstehen wären. Märchen sind, wie das Beispiel Rotkäppchen gezeigt hat, hochkomplexe ästhetische Phänomene, die Interpretationen vieler wissenschaftlicher Disziplinen zulassen und benötigen, sich aber vor allem in ihrer Verlebendigung und Verwandlung im Erzählen, Lesen und Aufführen vermitteln. Jeder Versuch, von *einer* Wissenschaft her – sei es die Literaturwissenschaft, die Psychoanalyse, die Gesellschaftstheorie, die Volkskunde oder welche Theorie immer – die Bedeutung der Märchen erschöpfend zu klären, müßte zu ihrer Funktionalisierung und Verzweckung von einem selbst höchst selektiven und überholbaren Standpunkt aus führen. Dies ist ja das Schöne an Literatur und Märchen, daß sie für neue Sinnerfahrung offen bleiben.

Der grundlegende Gedanke der folgenden Überlegungen ist, daß man die enge Beziehung zwischen Kindern und Märchen nur verstehen kann, wenn man sich die unentbehrliche Bedeutung vor

Augen führt, welche die *Phantasie* für das menschliche Leben, gerade auch der Erwachsenen, besitzt.

Es scheint kein Zufall zu sein, daß das erste Märchen der Grimmschen Märchenausgabe, »Froschkönig«,[8] mit den Worten beginnt: »In den alten Zeiten, wo das Wünschen noch geholfen hat ...«. Denn auch im menschlichen Bewußtsein gibt es Bereiche, wo das Wünschen noch hilft, zumindest viel mehr hilft als im realen Leben, wo wir meistens viel weniger erreichen, als wir gewollt haben.

Zu diesem Bereich gehören das Träumen, das Tagträumen, vor allem aber jene »Mischform« aus Denken und Wünschen, die »Phantasieren« genannt wird. Mit dieser Charakterisierung wird angedeutet, daß die im Alltag so oft verpönte Phantasie im menschlichen Leben unentbehrlich ist, nämlich als Fähigkeit, zwischen unserem Innenleben – also unseren Gefühlen, Wünschen, Absichten – und den vorfindbaren Verhältnissen der äußeren Realität zu *vermitteln*.[9] Nicht das Hinwegträumen in ein Wolkenkuckucksheim ist die Funktion der Phantasie. Die Leistung der Phantasie besteht vielmehr darin – jeder kennt dies alles aus Situationen der Not und Angst, des Arbeitsdrucks oder der Langeweile –, daß sie es uns ermöglicht, vergangene und zukünftige Wirklichkeiten in unserer Vorstellung nach Befriedigungsmöglichkeiten zu durchmustern. Die Realität bleibt dabei immer einbezogen, wenn sie auch in der Phantasie verändert, umgemodelt, überschritten und neu entworfen werden kann. Wie lebensnotwendig ein solches wunschgeleitetes Durcharbeiten der Realität im persönlichen Leben ist – und im politischen Leben wäre – brauche ich nicht weiter auszuführen. Die täglichen Nachrichten zum Thema Abrüstung liefern dafür genug Belege. Es sei nur noch der Gedanke angefügt, daß die Phantasie vom einzelnen Menschen meist umso stärker in Anspruch genommen wird, je mehr seine Wünsche im tatsächlichen Leben unter die Räder kommen oder auf die in der Realität gegebenen Möglichkeiten hin zurechtgestutzt werden müssen.

Dieser Gedanke vom notwendigen Gegengewicht der Phantasie gegenüber den Einschränkungen der Realität führt nun unmittelbar zu der besonderen Bedeutung der Märchen für Kinder. Denn offenbar haben Kinder ein starkes Bedürfnis danach, sich mit ihrer eigenen Einbildungskraft in die Phantasie-Welten der Märchenhandlungen zu versenken. Woher aber kommt diese besondere Bedürftigkeit? Wie läßt sie sich aus der Lebenssituation von heutigen Kindern im Vorschul- und ersten Grundschulalter verstehen?

Alles spricht dafür, daß Kinder, die aus Erwachsenensicht so oft als Sinnbild eines unbeschwerten Lebens erscheinen, im Prozeß ihres Aufwachsens unter einem hohen Problemdruck stehen, der in unserer Gesellschaft eher noch zugenommen haben dürfte. Wir vergessen allzu leicht, daß Kinder beim notwendigen – und von ihnen grundsätzlich ja positiv erlebten – Selbständiger-Werden erst lernen müssen, die Welt so zu sehen und zu bewältigen, wie wir es als Erwachsene als selbstverständlich gewohnt sind. Es dürfte wichtig sein, sich im Hinblick auf Märchen vor allem zwei im Leben der Kinder auftretende Spannungsbereiche vor Augen zu führen.

Ein erstes bedrängendes Problem entsteht für Kinder durch ihr von von dem der Erwachsenen grundlegend verschiedenen Weltbild. Dazu zwei Beispiele.

Beim ersten handelt es sich um ein Gespräch zwischen einem Erwachsenen und der viereinhalbjährigen Rose über deren Vorstellungen von Zeit und Alter (aus dem Umkreis der Forschungen zur geistigen Entwicklung von Piaget):[10]

E: Ist deine Mama älter als du?
R: Ja.
E: Ist deine Großmutter älter als deine Mama?
R: Nein.
E: Sind sie gleichaltrig?
R: Ich glaube ja.
E: Ist denn deine Großmutter nicht älter als deine Mama?
R: Oh nein!
E: Wird deine Großmutter jedes Jahr älter?
R: Sie bleibt immer gleich.
E: Und deine Mama?
R: Auch gleich.
E: Und du?
R: Ich? Nein, ich werde älter.
E: Und deine Schwester?
R: Sie auch.

Das Rätsel der scheinbar chaotischen Antworten von Rose entschlüsselt sich erst, wenn man sich klarmacht, daß sie eine Denkform benutzt, die das Altersproblem von nur *einem* unterscheidenden Merkmal der Personen her betrachtet, nämlich ihrer Körpergröße. Mutter und Großmutter sind offensichtlich gleich groß und wachsen nicht mehr, wie Rose beobachtet, während sie selbst und ihre Schwester an Größe zunehmen. (Erinnert man sich da nicht gleich an das Märchen und seine Eigenart, auch alle Personen von *einer* Eigenschaft aus zu begreifen?)

Ein zweites Beispiel ist Wagenscheins Buch »Kinder auf dem Wege zur Physik« (16) entnommen:

Verwandtenbesuch ... Lutz, dreijährig, redet immerfort. »Sprich doch nicht so laut!« sagt der Onkel. – Lutz (schelmisch): »Ich bin doch ein Lautsprecher!« – Onkel, leicht drohend, knipst ihn am Arm: »Dann dreh' ich dich *ab*!« – Lutz, nah am Weinen, mit bittenden Gebärden: »Bitte, dreh mich wieder an! Bitte dreh mich wieder an!!«

Auch dieses Beispiel führt in die Vorstellungswelt eines kleinen Kindes. Die Grenzen zwischen dem eigenen Selbst und einem Ding, hier dem Radio, sind überschreitbar. So kann es passieren, daß man in ein Radio verzaubert und gebannt wird. So kann man schließlich auch »abgestellt« werden, zumindest ist dies für Lutz kein Spiel, ein zu ernsthaftes »magisches« Erschrecken wird spürbar.

Diese Beispiele zeigen, daß Kinder in unserer Erwachsenenwelt mit ihrer Rationalität und ihren klaren Grenzen zwischen innen und außen, belebt und tot, zwischen Menschen, Tieren und Gegenständen, oft wenig zu Hause sind. Die Entwicklungspsychologie hat das für uns als Erwachsene versunkene kindliche In-der-Welt-Sein mühsam zusammenzubuchstabieren versucht. Sie hat dabei Stichworte gefunden, wie dasjenige vom magischen Denken des Kindes (damit ist der Glaube gemeint, daß die Welt von geheimen Zauberkräften durchdrungen ist, deren Gunst man sich durch Rituale sichern muß) oder vom Animismus und Anthropomorphismus des Kindes (also der Vorstellung, daß Tiere, Pflanzen und Dinge uns als beseelte Wesen verbunden sind, so daß man sie ansprechen, ihre Hilfe erbitten und sie bestrafen kann, wenn sie sich z.B. widersetzlich zeigen, wie ein »böser« Stuhl, der einen gestoßen hat oder eine Tür, die vor einem zuschlägt). Hierher gehört auch die Vorstellung vom gestalthaft-physiognomischen Charakter aller Dinge – etwa der uns als freundliches Gesicht zugewandten Sonnenscheibe – oder die Einteilung von

Eigenschaften nach einem streng zweipoligen Schema in gut oder böse, schön oder häßlich, arm oder reich.
Wie wir uns als Erwachsene in einer solchen »Kinderwelt« nicht mehr heimisch fühlen, dürften auch Kinder – lange nachwirkend – die anzueignende rationale Erwachsenenwelt als Belastung empfinden und darauf angewiesen sein, Lösungen für ihre Probleme im Rahmen *ihres* Weltbildes zu erhalten (auf dessen Grundlage sich für sie noch so viel mehr Sicherheit und Wunscherfüllung erreichen läßt!).
Ein noch bedrängenderer innerer Problemdruck als derjenige durch ihre spezifische Weltsicht dürfte für Kinder zweitens durch die ungemein starken psycho-sozialen Belastungen entstehen, welche der schwierige, die ganze Kindheit durchziehende Prozeß des allmählichen Selbständigwerdens für jeden Menschen bedeutet. So triumphal Kinder z.B. Gewinne an Autonomie erleben können, sosehr ist das damit verbundene Sich-Ablösen von der Mutter (mit der das Kind anfangs – so die These – in einer Art paradiesischer Einheit verbunden ist) ein schmerzhafter Vorgang, der von schier erdrückenden Trennungsängsten und Verlassenheitsgefühlen begleitet wird. Das Hin- und Herschwanken zwischen Anklammerung an die Mutter und demonstrativer Distanz in oft lange anhaltenden Trotzperioden gibt einen Eindruck von der Tiefe und Ambivalenz der dabei entstehenden seelischen Konflikte. Innere Spannungen entstehen jedoch auch durch die Notwendigkeit, die das Kind während seiner gesamten Entwicklung begleitet, sich im Hinblick auf gesellschaftliche Normen und Verbote, besonders in der ödipalen Situation, beherrschen und anpassen zu lernen und seine Triebe zu disziplinieren. Jedenfalls muß angenommen werden, daß die notwendige Zurichtung für die Gesellschaft im Innenleben des Kindes ein Chaos von oft bedrängenden Aggressionen und Inferioritätsgefühlen hervorruft.
Diese Skizze dürfte genügen, um anzudeuten, wie sehr Kinder auf irgendetwas angewiesen sind, das ihnen beim Umgang mit den in ihre Innen- und »Unter«-Welt abgedrängten Problemen ihres Klein-, Ohnmächtig- und Anders-Seins zu Hilfe kommt.

Über den Kern des »Bündnisses« zwischen Kindern und Märchen

Auf die beschriebene doppelte Bedürftigkeit von Kindern antworten nun die von Generation zu Generation weitergetragenen und heute medial potenzierten Märchen. Dabei wurde aus dem vorhin zum »Rotkäppchen« Gesagten schon deutlich, daß den Märchen diese Funktion nicht »in der Wiege gesungen« worden ist. Mit ihnen haben ja zunächst Erwachsene im Ringen um sehr ernste Lebensprobleme phantasierend und erzählend sich selbst geholfen. Aber nun treten die Märchen den Kindern als unterhaltende Phantasieangebote entgegen, ja noch mehr: als Versprechen, ihnen für alles das, was sie bedrängt, Bilder, Symbole und befreiende Handlungen anzubieten.

Wenn an das vorhin zur Bedeutung der Phantasie Gesagte erinnert werden darf, müssen also Märchen – wenn ihr Versprechen eingelöst werden soll – einem doppelten Anspruch genügen. Auf der einen Seite müssen sie den Kindern eine Phantasie-Landschaft zum Ausleben ihrer im realen Leben beschnittenen Wünsche liefern, auf der anderen Seite aber für sie ein Medium sein, in dem das unbewußt Bedrängende dem Erleben und einer realitätsbezogenen – nicht einer bloß illusionären – Lösung nähergebracht wird. Aber kann die alte Zaubergattung der Märchen gerade dies ermöglichen, eine nicht nur illusionäre, sondern realitätsbezogene Lösung von Lebensproblemen zu bieten?

Es ist die Grundbehauptung aller Märchenbefürworter – nicht nur der neueren psychoanalytischen Schule Bettelheims –, daß die Märchen gerade dies zu leisten imstande sind. Aber paradoxerweise nicht durch ihre äußerliche Oberflächenstory, die mitsamt all ihren Adelsfiguren, Königreichen und Feudalverhältnissen als eher beiläufig-kulissenhaft angesehen wird, sondern durch ihren eigentlichen Kerngehalt, *ihren symbolischen Tiefensinn.* Selbstverständlich sind da die Märchenkritiker ganz anderer Meinung. Aber die Grundthese, mit der der besondere Wert der Märchen für Kinder steht und fällt, lautet, daß alle bedeutsamen Märchen ihren wesentlichen universellen und zeitlosen Gehalt darin besitzen, daß sie symbolische »Tiefengeschichten« über die Konflikte sind, die dem heranwachsenden Kind aus den sich wandelnden Beziehungen zu Eltern, Geschwistern und nächster Umwelt entstehen.

Diese Aussage schließt ein – und dies ist ein weiterer entscheidender Punkt –, daß diese symbolische Tiefenschicht der Märchen für Kinder *Real*gehalt besitzt. Das heißt: in ihr werden die tatsächlich akuten Probleme der Kinder behandelt (wenn auch in einer Phantasiegeschichte, was Kindern stets bewußt bleibt!). Und schließlich: Kinder können diese Tiefenschicht unmittelbar, ohne vermittelnde Entschlüsselungshilfe durch Erwachsene verstehen. Gerade weil die Weltdeutung der Märchen mit dem den Kindern eigenen In-der Welt-Sein korrespondiert – Stichworte: magisches Denken, Animismus, lineare und polare Weltsicht –, haben Kinder zu Märchen einen unmittelbareren Zugang als Erwachsene (die sich den Märchen oft erst auf einem langen denkerisch-theoretischen Umweg annähern müssen). Kinder dürften also Märchen, die ihnen insgeheim so hilfreich nahekommen, so die Schlußfolgerung, – als *heimliche Verbündete* ansehen. (Dies gilt übrigens auch für andere Phantasiegeschichten. Zu denken wäre etwa an Sendaks »Wilde Kerle«, in der dem gekränkten Max zur Kompensation der durch den mütterlichen Liebesentzug erlittenen Entwertung ein ganzes Reich ihm höriger wilder Riesen auf- und angeboten wird.)

Was spricht nun *für* die Behauptung, daß die Phantasiewelt der Märchen Realgehalt für kindliche Tiefenkonflikte besitzt? Das beste Indiz dafür ist wohl unsere eigene Erfahrung. Wenn wir etwa das Märchen »Hänsel und Gretel« hören, *spüren* wir einfach, daß es dabei primär nicht um eine Sozialreportage über die Überwindung des Elends einer verarmten Holzhackerfamilie geht, sondern um die Geschichte einer Ablösung, die ansteht, die aber die Beteiligten nicht ganz wahrhaben wollen, so daß das Unbewältigte als Verstoßungsgeschichte mit gefährlichen Versuchungen und Prüfungen nachgeholt werden muß, begleitet von einer Skala widersprüchlicher Gefühle: des Ausgesetztseins, der Verlassenheit, des Mutes, der Verlockung, der Lebensangst, der triumphalen Rettung aus eigener Kraft.

Ich habe ein solches intensives Mitschwingen mit den ambivalenten Gefühlslagen und der Tiefenlogik von »Hänsel und Gretel« in ausführlichen Gesprächen mit Kindern erfahren können. Etwa wenn der siebenjährige Robin zur Lebkuchenhaus-Szene sagt: »Das ist nämlich fies. Hänsel und Gretel haben ja schließlich Hunger gehabt und dann durften sie nicht essen ... Aber die Hexe hat

das Essen gehört, wie sie da so Mundgeräusche machen, das hat sie alles gehört ... Das Lebkuchenhaus ist gefährlich, sehr gefährlich!« Auch die geheimnisvolle innere Zusammengehörigkeit von Stiefmutter- und Hexengestalt wurde zu meiner Überraschung von den Kindern ungefragt angesprochen: »Ah, ich weiß«, sagt z.B. die siebenjährige Heide, »die Stiefmutter hat sich dann verkleidet als Hexe.«

Es läßt sich also sagen, daß es bei vielen Märchen eine hohe praktische Plausibilität für die Behauptung von ihrem realen Tiefengehalt gibt. Dabei muß man nicht an eine einzige Interpretationsmöglichkeit denken – etwa an die tiefenpsychologische Deutung der Hexe als gestaltgewordene Abwehr der eigenen Gefräßigkeit und Unselbständigkeit – man kann Märchen auch als Verkörperung allgemeiner gedeuteter existentieller Grundprobleme verstehen: als Geschichten über Liebe und Haß, Gut und Böse, Trennung und Vereinigung.[11]

Was Märchenhandlungen so faszinierend macht

Soviel zum Bündnis zwischen Märcheninhalten und Kinderbedürfnissen. Nun wird dadurch allerdings nur die Attraktivität der Märchen*inhalte* für Kinder erklärt. Noch nicht hinreichend wird aber durch das Gesagte verständlich, was die *Dynamik* der Märchen, ihre Faszination als erzählte *Handlungsabläufe,* ausmacht. Dazu nur einige knappe Anmerkungen.

Ein märchenerfahrener Autor hat neulich sinngemäß geschrieben (vgl. Schäfer, 214): Märchenwege sind Wege voll tiefer Spannung; Wege, die ihre Kraft erst im Durchlaufen entfalten. Worin aber liegt die dramaturgische Ursache dafür, daß Kinder beispielsweise so atemlos dem langen Weg des tapferen, unverzagten Schwesterchens durch alle Unbill folgen, bis es endlich sein Glück gefunden und dem in ein Reh verwandelten Brüderchen die Menschengestalt wiederverschafft hat?

Einmal fällt an der Märchenhandlung auf, daß widersprüchliche Eigenschaften von Menschen (wie schon Lüthi gezeigt hat: »Flächenhaftigkeit«)[12] auf unterschiedliche, einander polar entgegengestellte Gestalten verteilt werden. Der »Vater« tritt z.B. im »Rotkäppchen« gleichzeitig als böser Wolf und guter Jäger auf. Mit diesem Kunstgriff ist es dem Märchen möglich, *widersprüchliche Gefühlsanteile in Handlungen zu übertragen.* Dabei – so läßt sich vermuten – geschieht etwas für die Wirkung der Märchen sehr Wichtiges. Die Märchen setzen nicht nur das dem Kind Angenehme und Lustvolle in Szene, sondern auch – verkleidet in die Märchengestalten – die unangenehmen, abstoßenden, ja bedrohlichen Teile – kurzum das »Böse« von Vater und Mutter. Dadurch können aber Kinder innerlich bisher Verdrängtes mithilfe der Märchenphantasien kennen- und ertragenlernen und damit in ihr Bewußtsein integrieren. Märchen vermitteln den Kindern viele solche, man könnte sagen Reifungsbotschaften, z.B. die, daß sie dem Wunsch nach völliger Einheit mit der Mutter nicht länger nachgeben dürfen, daß sie gegen das Böse ankämpfen müssen, daß sie tapfer und mutig sein sollen. Daraus wird erkennbar, wie Märchen real beim Erwachsenwerden helfen wollen. Aber warum laufen die Kinder solchen Geschichten, durch die sie so erkennbar erzogen, um nicht zu sagen therapiert werden sollen, nicht einfach davon? Eben deshalb, und damit wird der Kernpunkt der Märchendynamik berührt, weil die Märchenhandlung durch die Identifikation mit den in ihrem Mittelpunkt stehenden Heldinnen oder Helden die Kinder an dem durch die Hilfe guter Mächte gesicherten glücklichen Ende teilhaben läßt. Am Schluß wird man im Märchen für die zugemutete, oft erschreckende Auseinandersetzung mit dem Bösen in und um einen selbst immer durch die Gewißheit der Wunscherfüllung belohnt. In dieser stets gewährten, für das eigene Leben hoffnungsvoll stimmenden Wunscherfüllung liegt wohl ein zweites Moment des Bündnisses zwischen Kindern und Märchen.

Kinder und Märchen – Trennendes

Nun gilt es aber, von diesen, in vielen Äußerungen von Kindern gut nachvollziehbaren Annahmen über die positiven Wirkungen von Märchen zur Schlußfrage zu kommen, ob es denn zwischen Kindern und Märchen nicht auch Trennendes gibt – und zwar viel mehr, als eine Darstellung die sich – wie die meine – auf das Gute und Hilfreiche der Märchen konzentriert, im ersten Anschein zu erkennen gibt. Ist es nicht so, daß ein Blick in die Originalausgabe der Grimmschen Märchen nicht nur entzückt, sondern den Leser auch auf merkwürdige, ja erschreckende Texte stoßen läßt?

Also abschließend einige Anmerkungen zu dem, was sich zwischen Kindern und Märchen an *Trennendem* erkennen läßt. Es genügt, sich dabei sehr kurz zu fassen, weil es sich bei genauerem Hinsehen so verhält, daß sich dieselben Argumente, die vorhin als positive Sinnbestimmung für Märchen genannt worden sind, auch umkehren lassen. Sie können auch als notwendige Kriterien betrachtet werden, deren Fehlen ein Märchen für Kinder problematisch erscheinen lassen kann.

Als Bedingung einer guten Wirkung von Märchen wurden im wesentlichen vier Momente genannt: ein Tiefengehalt, der latente innere Probleme von Kindern aufgreift; ihre Nähe zur kindlichen Weltsicht; Wunscherfüllung, aber auch Realbezug; eine Dynamik, die negative Anteile zu integrieren erlaubt.

Gerade an diesen Voraussetzungen fehlt es aber oft bei Märchen oder in Situationen der Märchenrezeption. Zunächst: nicht jedes Märchen taugt in jeder Situation für jedes Kind oder für jede Altersstufe. Nun könnte man sagen, dies sei – abgesehen von manchen Schwierigkeiten bei der Wahl von Märchen, besonders im Unterricht – kein grundsätzlicher Einwand, sofern Märchen nicht geradezu Kindern zur Unzeit aufgedrängt werden, so daß durch sie Konflikte erst hervorgerufen werden.[13]

Ein wirklich schwerer Einwand muß aber gegen Märchen erhoben werden, in denen sosehr ein sich in den Mittelpunkt drängender problematischer Gehalt dominiert, daß man keinen Sinn darin sehen kann, sie Kindern zu erzählen. Ich denke dabei z.B. an »Fitchers Vogel« (KHM 46), eine Blaubart-Geschichte, in der sich das grausig ausgemalte Zerstückelungsmotiv in den Vordergrund drängt, oder an »Der Jude im Dorn« (KHM 110), eine sehr an der Oberfläche bleibende Geschichte mit dem Klischeebild vom häßlichen Juden, oder an »Das eigensinnige Kind« (KHM 117), mit seiner auf die Brechung des kindlichen Willens gerichteten masochistischen Strafmoral. Vor allem das Problem des Grausamen und der damit verbundenen Ängste wird bei manchen Märchen für viele ein Ausscheidungsgrund sein, obwohl das – übrigens fast nie detailliert ausgeführte – Grausame und Böse andererseits für die innere Logik des Märchens unentbehrlich sind (das Böse tritt ja im Märchen auf, um besiegt und überwunden zu werden).

Wichtig ist, daß nicht nur ein Märchen*inhalt* ungeeignet *sein* kann, sondern daß er auch durch eine kontra-produktive Darstellung beim Lesen und Erzählen, besonders aber bei Text- und Filmbearbeitungen dazu ge*macht* werden kann. Dies gilt immer dann, wenn im Sinne eines falschen Realismus das Äußere der Märchenhandlung – seien es Grausamkeiten, falsche Gesellschaftsbilder, angsterzeugende Stellen, Aktionismen – sosehr in den Vordergrund gerückt wird, daß der Wunschcharakter und das Magisch-Phantastische eines Märchens verlorengehen. Man kann und soll Märchen, gerade beim Spielen und Gestalten in der Schule, kreativ verändern – ihre zauberisch-poetische Aura dürfen sie nicht einbüßen.

Diese Argumente zeigen, daß sich zwischen Kindern und Märchen auch Trennendes auftut.

Ein zweiter Problemkreis, auf den abschließend noch hingewiesen werden soll, besteht schließlich in der Notwendigkeit einer allmählichen *Ablösung der Kinder von Märchen* im Laufe ihres Älterwerdens. Dies hängt mit dem spezifischen Tiefengehalt der meisten Märchen zusammen, der sich ja, wie geschildert, auf die Beziehungs- und Entwicklungsprobleme im Umkreis der Familie bezieht. Zwar gibt es auch Märchen, die zum Inhalt haben, daß sich Erniedrigte oder Zu-kurz-Gekommene mit List und Mut zur Wehr setzen, wie z.B. »Die Bremer Stadtmusikanten« (KHM 27) oder

»Sechse kommen durch die ganze Welt« (KHM 71) oder – um wenigstens ein Beispiel aus einem anderen Land zu nennen – die wunderhübsche australische Geschichte von der »Reise des einsamen Umir«.[14]

Dennoch: es würde für heutige Kinder nicht genügen, im Älterwerden und im Hineinwachsen in die Schule und in die größeren Gruppen der Gesellschaft ihre Phantasie auf die Themenwelt weder der *Grimmschen* Märchen noch *überhaupt* auf *Märchen* zu beschränken, ob es nun um Identitäts- und Freundschaftsprobleme oder solche der Umwelt und Gesellschaft geht. Der Realbezug der Phantasie muß mit zunehmendem Alter weiter ausgreifen, als dies in Märchen geschehen kann, und konkreter in die eigene Gesellschaft der Kinder hineingreifen, um mit deren Versatzstücken in der Phantasie bessere und wunschgerechtere Welten zu entwerfen (»realisierbare Realitäten«; vgl. Schäfer 85). Dieser Punkt braucht wohl nicht weiter ausgeführt zu werden, da niemand für eine Monokultur von Märchen für Kinder plädiert und weil es – von Lindgren, Janosch und Rodari bis zu Hanisch, Hannover und Nöstlinger – einen großen Reichtum an phantastischer und sonstiger Kinderliteratur mit gesellschaftsbezogenerem Gehalt gibt.[15]

Der eigentliche und bleibende Dissens zwischen Märchenanhängern und Märchenkritikern im Hinblick auf die Frage nach dem Verbindenden oder Trennenden zwischen Kindern und Märchen wird aber wohl in der grundlegenden Einschätzung des *Gewichts* bestehen bleiben, den Märchen in der Kinderzeit haben sollen. Während die einen es als grundsätzlich befremdlich ansehen werden, daß sich Kinder auch heute noch in so beträchtlichem Maße in das Zauber- und Wundergelände der Märchen locken lassen und dabei ein lebenslang nachklingendes, ihre Grundgefühle bannendes Repertoire an Bildern und symbolischen Orientierungen erwerben, werden andere gerade dies als ein beglückendes Fortleben von in vielen Generationen errungenen Menschheitserfahrungen begrüßen. Ich kann diesen Grunddissens, der erkennbar in die Frage hineinreicht, wie Menschen zu Problemen wie Tradition, Rationalität, Sinnlichkeit und Transzendenz stehen, hier nicht weiter auflösen (auch wenn die eigene Meinung dazu genügend deutlich geworden sein dürfte). Die beste Weise, in dieser Frage weiterzukommen, dürfte ohnehin darin bestehen, ein Märchenbuch zur Hand zu nehmen und beim Lesen Faszination oder stirnrunzelnde Distanz selbst zu erproben.

Gisela Haas

KRANKE KINDER MALEN MÄRCHEN

Was veranlaßt Kinder, gesunde wie kranke, Märchenbilder zu malen? Unterscheiden sich die Märchenillustrationen kranker von denen gesunder Kinder?

Ich will versuchen, an Hand von Kinderzeichnungen Antworten zu finden und möchte die Aussagekraft dieser Bilder deutlich machen.
Die Zeichnungen sind in der Krankenhausschule einer Kinderklinik entstanden; d.h. eigentlich am Rande der Schule, nicht im Kunstunterricht, nicht als Schulaufgabe. Einige sind Illustrationen, die durch das Märchenerzählen angeregt wurden. Andere sind Spontanzeichnungen, d.h. das Kind hat gemalt aus Lust am Malen oder hat sein Bild bewußt oder unbewußt als Ausdrucksmittel seines Befindens, seiner Gefühle angefertigt.

Das Märchen bietet Szenen, diese Gefühle, wie Angst, Wut, Traurigkeit, Sehnsucht, Freude, Selbstgefühl oder Unsicherheit, aber auch Träume und Fantasie darzustellen. Die Märchengeschichten vermitteln zugleich Nähe und auch Distanz. Nähe, um sich selbst wiederzufinden und die räumliche und zeitliche Distanz, sich nicht bedroht zu fühlen. Sie sind schon vom Sprachlichen in eine andere Dimension entrückt. »Es war einmal«, heißt es oder »In alten Zeiten, als das Wünschen noch geholfen hat«.

Unterschiedliche und überraschende Erfahrungen haben wir mit Märchen im Kinderkrankenhaus gemacht. Einige Kinder besitzen einen Schatz von Märchengestalten und Geschichten wenn sie krank werden, sie können in den bekannten Figuren Leitbilder finden. Für andere bedeutet es eine neue Erfahrung, wenn man ihnen ein Märchen erzählt oder vorliest. Gerade größere Schulkinder meinen, das sei etwas für Kleine und überhaupt nicht up to date. So die fünfzehnjährige Ulrike, als ich sie nach ihrem Lieblingsmärchen fragte. Und dann ließ sie sich doch durch Vorlesen in eine

Zauber- und Fantasiewelt entführen. Sie malte danach ein Bild von Rapunzel, die eingesperrt im Turm ihren Zopf herunterließ.

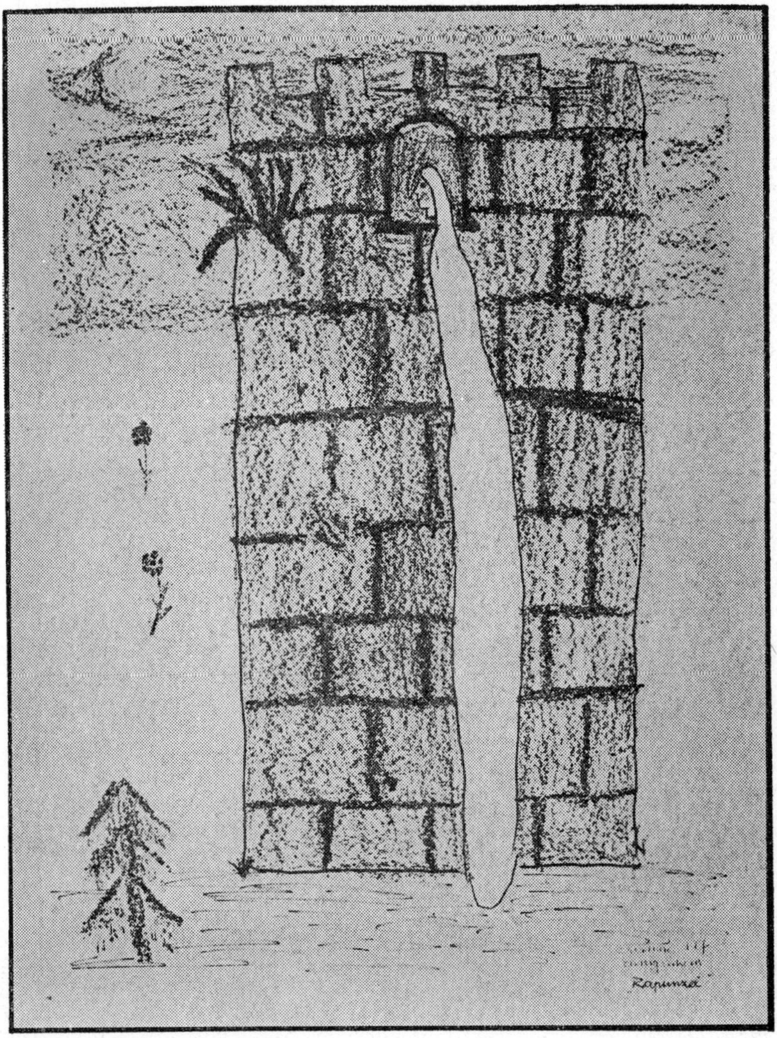

Ulrike 15 Jahre (Osteosarkom)

Ulrikes eigene Haare waren durch die Behandlung ausgegangen, und die Vorstellung, daß Rapunzel ihren Liebsten an ihren Haaren zu sich heraufholte, traf sie in ihrem Problem. Sie konnte nun davon sprechen, daß sie sich von ihren Freunden isoliert hatte. Der Anstoß durch das Märchen, sowie die anschließenden Bilder und Gespräche ließen sie Mut fassen, über ihre Perücke, bzw. über die vorrübergehende Kahlköpfigkeit erst mit uns und dann auch mit ihren Freunden zu sprechen. So fand sie wieder in ihre Gruppe zurück. Rapunzels Haare hatten ihr die Möglichkeit eröffnet, ihr Problem zu verbalisieren.

Während auf fast allen Rapunzelbildern, die ich in Kassel ausgestellt sah, der Liebhaber abgebildet ist oder gerade an den Haaren den Turm erklimmt, also die glückliche Version der Haare als verlockende Verbindung gemalt ist, fehlt der Liebhaber auf

Birgit 13 Jahre (Leukämie)

allen Bildern, die kranke Kinder in der Klinik zu diesem Märchen malten. Entweder ist die eingesperrte Rapunzel allein mit ihrem heruntergelassenen Haar abgebildet, oder die böse Hexe steigt an den Haaren empor. Verlorenes Wunschbild oder Bedrohung äußern sich in den Illustrationen der kranken Kinder.

Die dreizehnjährige Sonja malte in einem Bild über ihr Lieblingsmärchen »Hänsel und Gretel« sich selbst als Gretel. Von den Eltern abgeschoben, so fühlte sich das minderwüchsige Mädchen, das in den vier Wochen Klinikaufenthalt nicht einmal von den Eltern besucht wurde. Ihre Verlassenheit war sehr akut und kam erst durch die Zeichnung ans Licht. Es wirkte sich glücklich aus,

Sonja 13 Jahre (Minderwuchs)

daß Sonja Märchenfiguren zur Identifikation benutzte (sie hatte sich ausdrücklich als Gretel in ihrem Traum gesehen), so konnte man über den Fortgang der Geschichte und das glückliche Ende mit ihr reden. Im Märchen wird Gretel aktiv, verbrennt die Hexe, wird selbständig, findet aus dem Wald zurück in ein glücklicheres Leben. Das gab auch Sonja Mut und neue Kräfte.

Alte, von früher bekannte Märchen, die fast vergessen waren, können plötzlich eine neue Bedeutung gewinnen. Es kann sich ein neuer Sinn erschließen, wie es auch mit Gesangbuchversen oder Gedichten geschehen kann, die wir als Schulkinder lernen mußten, ohne sie zu verstehen und die plötzlich, viel später, womöglich in einer Krisensituation ihren Sinn auftaten. Märchen haben eine überzeitliche Wirkung, die sich in verschiedenen Lebensaltern immer wieder anders und neu erschließen.

In seinem Buch: »Kinder brauchen Märchen« schreibt Bruno Bettelheim, wie wichtig es für Kinder ist, Märchenfiguren und Situationen in ihrem Erinnerungsschatz zu besitzen. Die Möglichkeit, sich mit dem Helden zu identifizieren, kann eine große Hilfe sein, gerade auch in der Lage des kranken Kindes. Geht doch in vielen, ja den meisten Märchen der Schwache und Benachteiligte als Sieger hervor.

Auch Mara gab uns den Schlüssel für ihre Probleme, die in der zerrütteten Ehe ihrer Eltern ihre Ursache hatten, indem sie sich nach einer Märchenvorlesestunde als Aschenputtel malte. Das Märchenlesen und dadurch angeregte Malen wirkte auf das verstörte Kind wie eine Befreiung. Mara sprach, spielte, wurde aggressiv, lustig und aktiv.

Mara und Sonja malten spontan, d.h. ohne Aufforderung. Sie kannten Märchen und wählten sich gezielt, wenn auch unbewußt, die Märchenfigur, mit der sie sich identifizierren konnten. Sie fanden Hilfe schon in der Möglichkeit, in der Geschichte »Mitleidende« zu finden und dann »Mitwisser«, indem sie malten und ihr Bild zeigten. Daß in den Märchen die leidenden Personen, wie hier Gretel und Aschenputtel, am Ende glücklich werden, konnte im Gespräch bestätigt werden und bei diesen beiden Kindern neue Hoffnung und Lebensfreude wecken.

Mara 10 Jahre

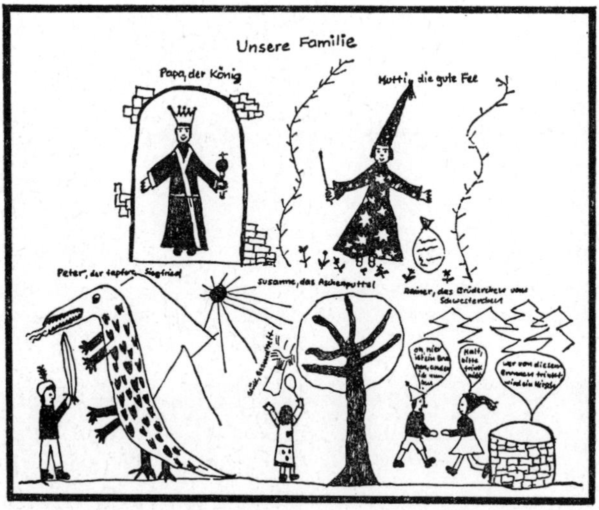

Susanne, 12 Jahre, malt die ganze Familie als Märchenfiguren

Wenn Kinder ihr Lieblingsmärchen auswählen, setzt das voraus, daß sie viele kennen. Durch ihre Auswahl können sie uns einen Schlüssel geben für Dinge, die sie nicht aussprechen können oder wollen. Das gemalte Bild ist ein aufschlüsselnder Hinweis, manchmal schon eine Bewältigungsstrategie. Aber auch Rollenspiel oder bei bettlägerigen Patienten das Spiel mit Handpuppen kann die Wirkung vertiefen und die Geschichte zu Ende – zum guten Ende führen.

Sich selbst hat sie auch als Aschenputtel dargestellt. Aber anders als Mara ist sie nicht abgeschoben, wohl durch ihre Krankheit benachteiligt, aber sie hält sich im Bild fest in dem Augenblick, »wo Gold und Silber über sie fällt«. Sie erscheint noch ein zweites mal im Bild als Schwesterchen, das ihren Bruder vor der unheilvollen Verzauberung bewahren möchte. Für Susannes Krankheitsbewältigung ist es von großer Bedeutung, daß das schwerkranke Kind nicht immer nur das nehmende ist, sondern daß es dem kleineren Bruder helfen kann.

Aber es muß nicht das selbstgewählte oder für das einzelne Kind speziell ausgesuchte Märchen sein, das eine therapeutische Wirkung erzielen kann. Eine Sammlung von Kinderzeichnungen, die nach dem Vorlesen der Geschichte vom *»tapferen Schneiderlein«* entstand, macht deutlich, wie für jedes Kind eine andere Stelle dieses Märchens wichtig war. Ohne, daß sie es vorhatten, malten viele Kinder sich und ihre Situation.

Jasmin gibt in ihrer Illustration zu dem Märchen sicher unbewußt eine Darstellung ihrer Familie in den Bäumen. Die Mutter wohnt mit den beiden Töchtern allein, wobei der schwarze abgestorbene Baum sicher Jasmin ist. Der Vater lebt irgendwo anders, er ist in dem einzelnen Baum abseits wiedergegeben.

Zwei gleichaltrige Mädchen, die auch die gleiche schwere Krankheit hatten, malten unabhängig voneinander als Illustration zum »Tapferen Schneiderlein« ihre Väter als Riesen. Auf beiden Bildern kann man die Ähnlichkeit mit den Vätern erkennen. Doch

Jasmin 10 Jahre (oben) Corinna 11 Jahre (unten)

Heidi 11 Jahre

während Corinna sich winzig als Schneiderlein zwischen den Beinen des überwältigenden Riesen malt, sitzt Heidi fröhlich pfeifend auf dem dicken Baum, den der starke Vater trägt. Der eine Vater wird von den Kindern als Autoritätsperson etwas gefürchtet, er muß seine Züge für die Verkörperung der Angst hergeben, während der andere als der ruhende Pol in der Familie gilt, von dem die helfende Kraft ausgeht. Es ist nicht die Angst, es ist diesmal die Hoffnung, der Wunsch, auf den Heidi soviel Sorgfalt verwandt hat. Der Vater, der starke Riese, wird kommen und sie einfach wegtragen! So etwa haben auch die Mädchen über ihre Bilder gesprochen.

Viele Kinder wählten die kämpfenden Riesen als Motiv für ihre Illustration zu diesem Märchen. Unterdrückte und versteckte Agressionen mögen sich da zeigen.

Von den vielen Bildern zum »Tapferen Schneiderlein« will ich nur noch dieses eine der zwölfjärigen Bettina zeigen. Sie hat den Märchenstoff verfremdet und die Formel »sieben auf einem Streich« in ihre Situation in der Kinderklinik übertragen.

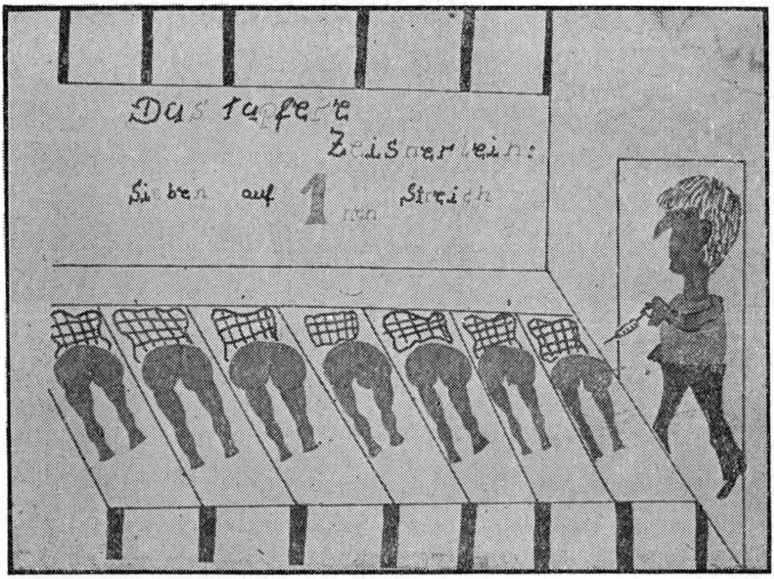

Bettina 12 Jahre (Leukämie)

Es ist das Bild eines zu dem Zeitpunkt schwerkranken Kindes. Die zeitweise Hektik in einer großen Universitätsklinik ist in dieser Darstellung vom »Fließbandspritzen« sehr witzig, aber zugleich mit versteckter Kritik gezeichnet.

Eine Reihe von Kindern malte das kleine Schneiderlein auf dem Baum über dem mächtigen Riesen, wie es das böse Ungeheuer ärgert und überlistet. Der schwache, aber siegreiche Schneider ist eine hilfreiche Gestalt, so scheint es.

Auch die Geschichte vom »kleinen Hävelmann«, der in seinem Bett durch die Nacht über die Häuser und am Himmel spazierenfährt, muß den kranken Kindern eine hilfreiche Identifikationsmöglichkeit geboten haben, wie ich den vielen Illustrationen entnehme, die spontan nach dem Erzählen der Geschichte entstanden sind. Die sehr verschiedenen Bilder geben Aufschluß über die unterschiedliche körperliche und seelische Verfassung der malenden kranken Kinder.

Bettina malt einen lustigen, singenden Hävelmann, der sein Bein mit dem Hemd als Segel keck in die Luft streckt. Der sich wundernde Mond und die herabfallenden Blätter schränken ein wenig die unternehmungslustige Stimmung ein.

Bettina

Auch die neunjährige Helena malt ein tröstliches Bild. So wie der kleine Hävelmann in seinem Bett über den nachtblauen Himmel mit seinem goldenen Mond und den Sternen segelt, so möchte auch

Helena im Traum über den Himmel fahren, sagt sie. Dabei schaut das ebenfalls ganz in Gold getauchte Kind durch die Gitterstäbe auf die Erde (s. Farbtafel Seite 103).

Ganz anders ist die Stimmung auf den beiden anderen Zeichnungen.

Julies Krankheit war nach Phasen in denen es ihr gut ging und sie das Leben eines gesunden Kindes führen konnte, in ein Stadium getreten, in dem es keine Hoffnung mehr gab. Sie malte das Bild vom kleinen Hävelmann und wünschte sich in ihrem Bett durch den Sommer gefahren zu werden. Eltern und Freunde fuhren mit ihr durch blühende Gärten und Bäume. Das in heiteren zarten Farben

Julie 12 Jahre

gemalte Bild gibt nur in wenigen Punkten Hinweise auf die bedrohte Lage des Kindes, so der schwarze Vogel mit dem scharfen Schnabel am Kopf.

Annabelle 6 Jahre

Die sechsjährige Annabelle hat eigentlich nie gemalt. Bei ihrem letzten Klinikaufenthalt hörte sie das Märchen vom kleinen Hävelmann. Sie wollte malen und schenkte mir das Bild. Ich habe noch von keinem anderen kleinen Kind derartig geschlossene Bäume gesehen. Die beiden größten, unter denen der Kopf des rollenden Kindes liegt, scheinen sich zu neigen. Das Kind hatte nicht davon gesprochen und uns auch kein Zeichen gegeben, daß es von seinem nahen Tod wußte. In diesem Bild hat sie es uns gezeigt mit einer Darstellung, die weit über ihren sonstigen zeichnerischen Möglichkeiten lag und seinen Ursprung sicher im Unterbewußten hatte. Ich habe Annabelle nach diesem Malen nicht wiedergesehen. Vierzehn Tage später ist sie zu Hause gestorben. Die Mutter sagte, daß sie friedlich eingeschlafen sei.

Statt dieser traurigen Bilder hätte ich auch kleine lustige Hävelmanns vorführen können, die in ihren Betten über die Häuser fahren und nie genug kriegen können. Aber ich wollte zeigen, wie Märchenbilder dem kranken Kind helfen können, etwas von seinen unausgesprochenen Gefühlen auszudrücken und zugleich uns einen Blick in sein Inneres tun lassen. Diese Zeichnungen können uns ein Mittel zum besseren Verständnis sein.

An den sehr unterschiedlichen Bildern zum gleichen Märchen konnten wir erkennen, daß jedes Kind (und Erwachsenen geht es nicht anders) aus der gleichen Geschichte die Botschaft heraushört, die es direkt betrifft. So finden sich im gleichen Stoff sehr verschiedenartige Identifikationsmuster. Märchen bieten eine Reihe von Mustern zur Bewältigung von schwierigen, ja verzweifelten Situationen. In einem einzigen Märchen finden sich oft ganz verschiedene Beispiele und Vorbilder. Das Kind behält aus der ganzen Geschichte vielleicht nur das eine, es selbst betreffende. Einmal habe ich es erlebt, daß ein Kind mir eine Zeichnung als Märchenillustration gab, auf der überhaupt gar nichts von diesem Märchen zu finden war.

Christian war zur Lumbalpunktion in die Klinik gekommem. Er kannte diesen Eingriff und hatte schreckliche Angst. Ich sah ihn ängstlich hin- und herlaufen und versuchte, ihn abzulenken, indem ich ihm und den anderen Jungen in seinem Zimmer das Märchen von »Hans im Glück« erzählte. Am Ende beschlossen alle drei Jungen, das Märchen zu malen. Christian war sehr schnell fertig und gab mir sein Bild, auf dem nichts als ein Kreuz und ein Tomahawk zu sehen ist. Ich fragte ihn etwas ratlos, was er gemalt hätte. »Das, was du erzählt hast.« Doch in dem ganzen Märchen kommt noch nicht einmal ein Wegkreuz vor. Der Junge war so von seiner Angst, einer Todesangst, besetzt, daß nichts von der Geschichte ihn erreichen konnte. Als Ausdruck seiner Angst erschien das Grabkreuz, das er als Märchenbild zu »Hans im Glück« ausgab. Es war ihm gar nicht bewußt, was er gemalt hatte.

Christian 8 Jahre »Hans im Glück«

Als weiteres Beispiel für die Feststellung, daß jeder im gleichen Märchen eine andere Szene findet, die das eigene Problem anspricht und vielleicht eine Lösung bietet, möchte ich aus zwei weiteren Märchen je zwei Bilder zeigen.
Zu dem Märchen »Der Teufel mit den drei goldenen Haaren« habe ich eine Menge von Illustrationen gesunder Kinder verschiedener Alterstufen. Die meisten malten die farbigen und abenteuerlichen Szenen im Räuberhaus oder bei Teufels Großmutter. Niemand stellte die Ereignisse dar, die auf den beiden Bildern der kranken Kinder zu sehen sind.
Henriette, 8 Jahre, malt ein sehr farbenprächtiges Schloß, auf dessen Zinnen das glücklich vereinte Paar thront. Über ihnen die Symbole der gelösten Rätsel. Henriettes Eltern leben zur Zeit getrennt, das Kind lebt mit der Mutter allein, der Vater besucht

Henriette 8 Jahre (Collitis)

es auch im Krankenhaus nur sehr selten. Die vielen Abenteuer, die das Glückskind bestehen muß, um seine Frau, die Königstochter, zu gewinnen, werden nur als Mittel zur Vereinigung des Paares angedeutet. Dabei wird im Märchentext die Hochzeit oder das Zurückkommen des Mannes nur kurz angedeutet, aber für Henriette verkörpert es ihren zentralen Wunsch. Sicher ist die Zeichnung der einen Rätsellösung von dem Baum, an dessen Wurzel eine Maus nagte, bedeutungsvoll. Henriette malt ihn als entwurzelten Baum über dem Mann.

Das andere Bild zu diesem Märchen malte die zehnjährige Judith nach einer Lungenoperation. Sie fühlt sich noch sehr elend. Es ist

Judith 10 Jahre

bereits die zweite Operation, die das Kind überstehen muß. Die Eltern sind sorgenvoll und sehr deprimiert.
Ich habe dem Kind das Märchen »Vom Teufel mit den drei goldenen Haaren« erzählt. Ziemlich am Anfang steht die Episode,

wie der König das Glückskind, dem geweissagt ist, daß es die Königstochter heiraten wird, in ein Kästchen tut und ins Wasser schmeißt. Ähnlich wie in der Geschichte vom kleinen Moses wird das Kästchen herausgefischt und das Kind zum Leben errettet. Hierin besteht für Judith dic zentrale Aussage des Märchens. Sie wird leben, auch wenn es im Augenblick sehr fraglich scheint. Das Bild ist der Ausdruck ihrer Hoffnung und Zuversicht. Das Märchen hat ihren Mut und ihren Gesundungswillen gestärkt.

Die letzten beiden Bilder sind Illustrationen zu dem Märchen »Das Wasser des Lebens«. Beide sind von Jungen gemalt. Beide zeichnen das Schloß, in dem der Brunnen mit dem Wasser des Lebens zu finden ist. Auf Thomas Bild ist das Tor verschlossen, die Wächter stehen mit Lanzen davor.

Thomas 9 Jahre (Thrombapenie)

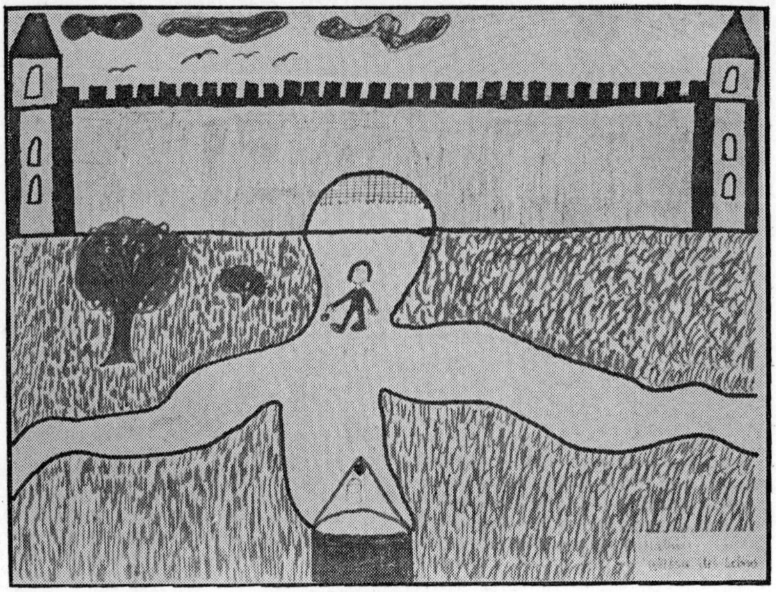

Mathias, 10 Jahre

Ich erzählte das Märchen im Zimmer der Jungen. Thomas Krankheit war vorübergehend, er würde bald wieder gesund sein.

Aber Mathias, von dem das andere Bild stammt, war im letzten Stadium seines Lebens. Er hatte Phasen der Verzweiflung, der Aggression durchgemacht. Jetzt war er heiter. Als ich ihn zum letztenmal sah, gab er mir dies Bild mit den Worten: »Dies ist mein letztes Bild, ich schenke es Ihnen.«

Für Mathias, er scheint es selbst zu sein, hat sich das Tor geöffnet. Wer das Wasser des Lebens holen will, muß auf dem geraden Weg gehen, so heißt es im Märchen. Mathias geht auf dem geraden Weg zum Brunnen und oben drüber scheint die Sonne.

Ich durfte ihn ein kleines Stück begleiten. Dafür bin ich dankbar, ihm und den anderen Kindern.

Eugen Mahler

GESPRÄCHE ÜBER MÄRCHEN
Beobachtungen und Gedanken eines Vaters

Die Frage, ob Kinder Märchen brauchen hat bekanntlich Bruno Bettelheim 1981 umfassend und positiv beantwortet. Wie ist es nun aber heute? Brauchen unsere modernen Kinder heute immer noch die alten Märchen? Sind uns unsere Kinder im Zeitalter der hohen Technologie nicht weit voraus? Sind sie gar fasziniert vom Krieg der Sterne, steuern in Videospielen Raketen und vernichten als Weltraumhelden feindliche oder außerterrestrische Raumschiffe? Oder kommt aus dem Weltall in Gestalt des E.T. eine Märchengestalt, halb Kind, halb Tier ins Kinderzimmer zurück? Ist das technisch Machbare und Reale inzwischen nicht phantastischer als der »Geist in der Flasche« im Märchen? Sind wir, die wir an unserem »Es war einmal ...« hängen, nicht völlig antiquiert? Was sagen heutige Kinder zu den überlieferten Geschichten?
Ich habe meinen beiden jüngsten Töchtern – die allerdings schon 6 und 10 Jahre alt sind – drei Märchen vorgelesen; das erste nur der Jüngsten, das zweite und dritte den beiden, und mit ihnen darüber gesprochen.
Dabei muß ich zu einigen Schwierigkeiten vorweg noch etwas sagen:

1 Es könnte so erscheinen, als wolle ich meine eigenen Kinder mit Hilfe der Märchen analysieren. Dies ist nicht der Fall. Wir lesen die Märchen nicht in pädagogischer oder psychoanalytischer Absicht. Natürlich reden wir über alle Fragen und Gedanken, die sich spontan einstellen.
2 Wollte man die Märchen den Kindern erklären oder deuten, Interesse, Zauber und unmittelbare Wirkung gingen verloren.
3 Einige Äußerungen meiner Kinder muß ich im Zusammenhang mit dem Thema hier nun aber doch preisgeben, was mir Schuldgefühle macht.

4 Ich will hier kein Erziehungsbeispiel geben, sondern will berichten, was sich zugetragen hat. Dies lief jedesmal anders ab, als ich es erwartete.

Das *erste Märchen* hatte sich Anna, die Sechsjährige auf Grund einer Abbildung selbst ausgesucht. Es handelt sich um »Das häßliche junge Entlein« von Hans Christian Andersen. Aus eigener Erinnerung schien es mir ein relativ harmloses und wenig grausames Märchen zu sein. Das häßliche, kleine, graue Entlein weiß ebensowenig wie die gelbflauschigen älteren Entengeschwister und ebensowenig wie die Entenmutter und wie der ganze Hühnerhof und ebensowenig wie zunächst der Leser, daß es ein junger Schwan ist. Es (er) ist dem Spott und der Erniedrigung ausgesetzt. Die Entenmutter, die ursprünglich noch zu ihm hält, mehr und mehr aber selbst enttäuscht wird, kann es schließlich auch nicht mehr schützen. Es ist zuletzt so gekränkt, daß es den Hühnerhof verläßt und am liebsten sterben möchte. Auf seiner abenteuerlichen Wanderung helfen ihm alle möglichen Tiere, besorgen ihm Futter, spenden Wärme. Auf die Dauer kann es aber nirgendwo bleiben, weil es nie zu den anderen paßt. Schließlich freundet es sich mit Wildenten an, die seine Andersartigkeit wie selbstverständlich hinnehmen. Da kommen Jäger; die Enten fliegen auf – und werden alle erschossen.

Anna hielt sich jetzt die Ohren zu und schrie:

»Hör auf, das ist ja wie in Wirklichkeit – dazu brauche ich kein Märchen!«

Ich hatte Mühe, sie zu bewegen, sich auch das gute Ende noch mitanzuhören. Das bisher »häßliche junge Entlein« trifft, inzwischen fast erwachsen, auf andere Schwäne und es verliebt sich im Spiegelbild des Wassers in seine eigene Schönheit und schließlich auch in eine Schwanenfrau. Anna war nun zum Teil wieder getröstet. Für die Jäger hatte sie aber kein Verständnis. Eine Ententreibjagd am Fuldaufer hatte sie einmal miterlebt. Mit ihrem daran beteiligten Patenonkel, der Förster und Jäger ist, lebt sie seither im Hinblick auf das Tiere-Totschießen im Konflikt. Der kam jetzt aber wenigstens zur Sprache.

Mit der Ablehnung dieses Märchens war Anna im übrigen in guter Gesellschaft mit Bruno Bettelheim, der dieses Märchen auch als Beipiel zur Differenzierung zwischen Kunst- und Volksmärchen nimmt. Zugleich paßt seine Meinung darüber auch zu unserer Fragestellung. Ich zitiere deshalb die entsprechende Passage: »Das Märchen ›Das häßlichen junge Entlein‹ von Hans Christian Andersen ist die Geschichte eines Vogels, der zuerst wenig gilt, aber schließlich all denen, die ihn verhöhnt und verspottet haben, seine Überlegenheit beweist...

Doch wie alle Andersen-Märchen ist auch dieses, so reizvoll es ist, eher eine Geschichte für Erwachsene. Kinder finden natürlich Gefallen daran, aber es hilft ihnen nicht; es lenkt sogar ihre Phantasie in eine falsche Richtung. Das Kind, das sich mißverstanden und nicht geachtet fühlt, wünscht sich vielleicht, ein anderes Lebewesen zu sein, aber es weiß, daß es das nicht ist. Seine Aussicht auf Erfolg im Leben liegt nicht darin, daß es sich zu einem Wesen anderer Natur auswächst, wie das Entlein zum Schwan wird, sondern darin, daß es bessere Eigenschaften entwickelt und Höheres vollbringt, als andere erwarten, und dabei doch gleicher Natur wie seine Eltern und Geschwister bleibt. Im echten Märchen ist der Held am Anfang wie auch am Ende stets auch ein menschliches Wesen, selbst wenn es im Lauf der Geschichte in ein Tier oder sogar in Stein verwandelt wird.

Wenn man ein Kind ermutigt, sich für ein Wesen anderer Art zu halten, führt man es, so sehr ihm der Gedanke auch zusagen mag, in die entgegengesetzte Richtung dessen, was das Märchen zum Ausdruck bringt: daß es etwas tun muß, um Überlegenheit zu erringen. In ›Das häßliche junge Entlein‹ ist nicht davon die Rede, daß etwas geleistet werden muß; die Dinge sind vom Schicksal bestimmt und ereignen sich entsprechend, ob der Held etwas unternimmt oder nicht. Im Märchen dagegen ist es die Aktivität des Helden, die sein Leben ändert.

Daß man seinem Schicksal nicht entrinnen kann – eine niederdrückende Weltsicht –, ist in ›Das häßliche junge Entlein‹ mit seinem guten Ausgang so deutlich wie in dem traurigen Ende von Andersens Märchen ›Das kleine Mädchen mit den Schwefelhölzern‹, einer zutiefst bewegenden Geschichte, die sich aber kaum für die Identifizierung eignet. Ein Kind in seinem Elend mag sich zwar mit der Heldin identifizieren, doch führt dies nur zu völligem Pessimismus und Defätismus...« (121 f.).

Nun, ich weiß nicht, was in Anna vor sich ging. Mitleid mit dem »häßlichen jungen Entlein« hatte sie bestimmt. Von außen, »objektiv« gesehen, hat sie selbst aber keinen Grund, sich als solches zu fühlen. Mich selbst bewegte beim Vorlesen die Ablehnung des Andersartigen und die für die Menschengesellschaft typischen Ausgrenzungsverhaltensweisen, analog denen des Hühnerhofes im Märchen.

Anna regte demgegenüber die Jagdszene am meisten auf, die in dem Märchen randständig ist, und soviel mir bekannt ist, sonst auch nicht kommentiert wird. Dabei ist Anna auf ihren Jäger-Onkel stolz. Als neulich Panzerwagen der Bundeswehr mit furchteinflößendem Getöse auf der Straße hinter unserem Haus vorbeidonnerten, meinte sie: »Gottseidank haben wir den Erwin im Haus; der hat wenigstens ein Gewehr!« Die Unterscheidung zwischen eigenen und feindlichen Panzern interessierte sie dabei wenig. Sie fand alle miteinander »blöd« und zum Abschießen.

Mir fiel nachträglich aber noch etwas anderes ein. Gelegentlich bekommen wir von Fischern lebendige Aale, die ich dann auch schlachte – ein ziemlich grausames Geschäft. Einmal, vor wenigstens zwei Jahren, kamen die Kinder neugierig dazu und nahmen es gelassen hin, wie ich den schlüpfrigen, zuckenden Aalen mit einem scharfen Schlachtmesser den Kopf abschnitt. Ihre Gelassenheit dabei schrieb ich dem Aufwachsen auf dem Lande und der damit noch verbundenen relativen Natürlichkeit zu. Als ich vor kurzem wieder Aale erhielt und sie wie früher schlachten wollte, verwehrte mir dies Anna. Ich meinte dann: »Wer Fleisch essen will« – und Anna ißt gern Aal, anderen Fisch und Fleisch – »der muß Tiere auch manchmal selber schlachten können. Das macht der Erwin ja auch«. Anna: »Die Aale brauchen wir jetzt aber nicht zum Essen, und – «, so fügte sie eindringlich hinzu, »stell dir vor, du wärst der Aal ...«

Schließlich setzten wir die Aale wieder in der Fulda aus, was ihr jetzt aber doch auch wieder ein bißchen leid tat. Trotzig, auch sich selbst gegenüber, vermerkte sie noch: »Lieber esse ich überhaupt kein Fleisch mehr – mit Ausnahme von Hühnerschenkeln!« Tiere lieben und doch gern Fleisch essen, war das Problem, das sie zur Zeit offenbar am meisten beschäftigte.

Das zweite Märchen: »Von einem, der auszog, das Fürchten zu lernen« (KHM 4) schlug ich vor, weil es am nächsten Tag in einem meiner Seminare Thema war. Meine Töchter kannten es, ebenso wie ich zwar schon; sie waren aber bereit, es sich nochmals anzuhören. Als ich zu lesen angefangen hatte, kamen mir insgeheim Bedenken. Anna hatte gerade in der letzten Zeit Anflüge von Dunkelangst und wollte zum Einschlafen wenigstens ein kleines Licht in ihrem Zimmer haben. Im Dunkeln hatte sie offenbar Angst vor den Gestalten, die ihre eigene Phantasie erschuf.
Das Märchen beginnt wie folgt:
»Ein Vater hatte zwei Söhne, davon war der ältere klug und gescheit und wußte sich in alles wohl zu schicken, der jüngste aber war dumm, konnte nichts begreifen und lernen: und wenn ihn die Leute sahen, sprachen sie: ›mit dem wird der Vater noch seine Last haben!‹ Wenn nun etwas zu tun war, so mußte es der älteste allzeit ausrichten. Hieß ihn aber der Vater noch spät oder gar in der Nacht etwas holen und der Weg ging dabei über den Kirchhof oder sonst einen schaurigen Ort, so antwortete er wohl: ›Ach nein, Vater, ich gehe nicht dahin, es gruselt mir!‹ denn er fürchtete sich. Oder, wenn abends bei Feuer Geschichten erzählt wurden, wobei einem die Haut schaudert, so sprachen die Zuhörer manchmal: ›Ach, es gruselt mir!‹ Der jüngste saß in einer Ecke und hörte das mit an und konnte nicht begreifen, was es heißen sollte. ›Immer sagen sie, es gruselt mir! es gruselt mir! mir gruselt's nicht: das wird wohl eine Kunst sein, von der ich auch nichts verstehe.‹

Nun geschah es, daß der Vater einmal zu ihm sprach: ›Hör du, in der Ecke dort, du wirst groß und stark, du mußt auch etwas lernen, womit du dein Brot verdienst. Siehst du, wie dein Bruder sich Mühe gibt, aber an dir ist Hopfen und Malz verloren.‹ – ›Ei Vater‹, antwortete er, ›ich will gerne was lernen; ja, wenn's anginge, so möchte ich lernen, daß mir's gruselte; davon verstehe ich noch gar nichts.‹ Der älteste lachte, als er das hörte, und dachte bei sich: Du lieber Gott, was ist mein Bruder ein Dummbart, aus dem wird sein Lebtag nichts: was ein Häkchen werden will, muß sich beizeiten krümmen. Der Vater seufzte und antwortete ihm: ›Das Gruseln, das sollst du schon lernen, aber dein Brot wirst du damit nicht verdienen ...‹«

Gerade in diesem Augenblick wird der Vater vom Küster besucht, der Hilfe verspricht. Bei ihm in der Kirche könne der Junge das Gruseln schon lernen: »Tut ihn nur zu mir, ich will ihn schon abhobeln.« Im dunklen Glockenstuhl soll er dann die Glocken läuten, derweil, entsprechend verkleidet, der Küster ihm als Gespenst erscheint. Als dieses auf eine dreimalige Warnung nicht reagiert, stößt es der Junge kurzentschlossen die Treppe hinunter, wo es, bzw. der verkleidete Küster, mit gebrochenem Bein liegen bleibt. Danach schläft er im Küsterhaus unbekümmert ein. Er wird von der Küsterfrau geweckt, die ihn nach dem Verbleib ihres Mannes fragt, der vor dem Jungen auf den Kirchenturm gestiegen sei. Davon wisse er nichts: »aber«, so sagt er weiter, »da hat einer dem Schalloch gegenüber auf der Treppe gestanden, und weil er keine Antwort geben und auch nicht weggehen wollte, so habe ich ihn für einen Spitzbuben gehalten und hinunter gestoßen ... wenn er's gewesen ist, es sollte mir leid tun.«

An dieser Schandtat fühlt sich der Junge mit einigem Recht nicht schuldig. Vom Vater wird er aber dennoch beschimpft und hinausgeworfen, was er gelassen hinnimmt, und mit 50 Talern in der Tasche begibt er sich auf die Wanderschaft, um das Gruseln zu lernen. Da er dabei ständig vor sich hinspricht: »Wenn's mir nur gruselte – wenn's mir nur gruselte«, werden Leute auf ihn aufmerksam, die ihn zu schaurigen Plätzen schicken. Eine Nacht bringt er so unter einem Galgen mit Gehängten zu, ohne daß ihm gruselt, und drei Nächte in einem verzauberten Schloß, das er im Falle des Überlebens erlösen und Schätze erhalten könne. Warnungen, viele hätten es versucht, keiner habe es überlebt, schrecken ihn nicht. Das Versprechen des Königs, er bekomme außerdem noch seine Tochter, verlockt ihn nicht sonderlich. Er geht hin, um das Gruseln zu lernen; dazu sei er ja ausgezogen. – In das verwünschte Schloß nimmt er ein Feuerzeug und Werkzeuge mit, die er sinnvoll anzuwenden versteht. In der ersten Nacht hat er es zuerst mit zwei großen Katzen zu tun. Diese bieten ihm ein Spiel an, trachten ihm aber nach dem Leben. Dies erkennt er früh genug. Nachdem er sie geschickt unschädlich gemacht und ihnen die Krallen ausgerissen hat, tauchen eine Unzahl weiterer schwarzer Katzen und Hunde auf, die ihm sein Feuer zerstören wollen. Er wird mit allen fertig, ohne daß ihm gruselt. In der zweiten Nacht fallen zwei halbe Menschen mit großem Getöse aus dem Kamin. Aus ihnen setzt sich ein gräßlicher Mensch zusammen, der ihm seinen Platz am Feuer streitig macht, was er nicht zuläßt. Es fallen noch mehr Männer aus dem Kamin, die dann mit Knochen und Totenschädeln Kegel spielen. Er beteiligt sich an dem Spiel, nicht ohne vorher die Totenköpfe auf der von ihm mitgebrachten Drehbank schön zu Kegelkugeln abzurunden, und er verliert dabei etwas Geld. In der dritten Nacht wärmt er mit seiner eigenen Körperwärme einen Toten, der, wiedererwacht, ihn umbringen will. Deshalb wirft er ihn in seinen Sarg zurück. Dabei gruselt ihm wieder nicht. Ein Riese will ihn schließlich endgültig vernichten. Diesen bezwingt er, indem er seinen Bart in einen Amboß klemmt und ihn mit einer Eisenstange verhaut. Der Riese gibt auf und zeigt ihm die im Keller verborgenen Schätze. Am nächsten Morgen belohnt ihn der König mit einem Anteil; der Rest dient gemeinnützigen Zwecken, und die Hochzeit mit der Königstochter wird gefeiert. Er findet dies alles ganz schön, bedauert aber, daß ihm immer noch nicht gruselt. – Das Ende des Märchens ist bekannt. Die verärgerte Gemahlin schüttet dem Schlafenden auf Anraten der Zofe einen Eimer mit Wasser und zappelnden Gründligen ins Bett. Im Erwachen ruft er aus: »Ach, was gruselt mir, was gruselt mir, liebe Frau! Ja, nun weiß ich was Gruseln ist.«

Im wörtlich wiedergegebenen Anfangsteil enthält das Märchen viele hintersinnige und kritische Anspielungen auf Erziehung und Anpassung. Meine Töchter fanden es vor allem komisch, daß der Held das Gruseln ausgerechnet durch Gründlinge erlernt haben soll. Sie hatten ja schon genug realen Umgang mit Aalen, aber auch mit Massen von Gründlingen, die im Mai, in der Fischtreppe hinter dem Haus, alljährlich fuldaaufwärts ziehen. Sie hatten sie im Netz, füllten sie in Eimer und trugen sie die Stufen hoch und setzen sie oberhalb des Wehres wieder in die Fulda. Sie wollten ihnen ihre beschwerliche Wanderung erleichtern. Gegruselt hat ihnen dabei aber nie. Die Taten des Helden imponierten ihnen aber sehr.

Später bemerkte ich, wie Anna nochmals aus dem Bett geklettert und durch den dunklen Gang freudig bewegt dem Klo zuschritt. Dabei sagte sie vor sich hin: »Wenn's mir nur gruselte ...«

Über den Heldentaten des Jungen, und sich mit ihm identifizierend, hatte sie ihre eigenen Ängste vergessen und bemerkte gar nicht, daß in ihrem Zimmer vor dem Einschlafen kein Licht mehr brannte. Das Märchen hatte ihr also, entgegen meiner Befürchtung, nicht mehr Angst gemacht, sondern hat ihr geholfen, ihre eigenen Ängste zu überwinden. Sie hat das Märchen im Sinne ihrer eigenen gegenwärtigen Ängste verstanden und bestimmte Anteile zu ihrer eigenen Stabilisierung integriert. Dies schließt nicht aus, daß sie es in ihrer Erinnerung einem Erfahrungsschatz zuschlägt, auf den sie jederzeit auch im Zusammenhang mit anderen neuen Problemen wieder zurückgreifen könnte. Um dazu ein paar Stichpunkte zu liefern, will ich einige der bekannten Interpretationen des Märchens hier wenigstens kurz streifen.

Bei Bruno Bettelheim kommt dieser Held nicht so besonders gut weg, er sei wohl ein in seinem Gefühlsleben sehr beeinträchtigter

Junge gewesen, der unter dem Gefühl der Gefühllosigkeit gelitten haben könnte. Wörtlich meint Bettelheim (328f.): »Es gibt Märchen, die davon erzählen, daß es notwendig ist, daß man sich fürchten kann. Ein Held kann haarsträubende Abenteuer bestehen, ohne sich zu fürchten, aber er kann im Leben erst Befriedigung finden, nachdem er die Fähigkeit, sich zu fürchten, wiedererlangt hat. In einigen Märchen erkennt der Held schon zu Anfang, daß diese Unfähigkeit, sich zu fürchten, ein Mangel ist. Im Grimmschen ›Märchen, von einem, der auszog, das Fürchten zu lernen‹ ist das der Fall ... Der Held besteht schreckliche Abenteuer, aber er fühlt keinerlei Furcht dabei. Mit übermenschlicher Kraft und mit einem Mut, den man als übermenschlich bezeichnen könnte, wenn er Angst dabei gehabt hätte, erlöst der Held das Schloß eines Königs von seiner Verzauberung. Der König sagt ihm, zur Belohnung dürfe er seine Tochter heiraten. ›Das ist all recht gut‹, antwortete der Held, ›aber ich weiß noch immer nicht, was Gruseln ist.‹ Der Antwort liegt die Erkenntnis zugrunde, daß der Held, solange er unfähig ist, Furcht zu empfinden, noch nicht reif ist zu heiraten. Dies wird noch dadurch bekräftigt, daß er, obwohl er seine Frau liebt, doch immer wieder sagt: ›Wenn's mir nur gruselte! Wenn's mir nur gruselte!‹ Schließlich wird ihm im Ehebett das Gruseln beigebracht. Seine Frau lehrt es ihm eines Nachts, als sie ihm die Decke wegzieht und einen Eimer mit kaltem Wasser voller Gründlinge über ihn herschüttet. Als die kleinen Fische um ihn herumzappeln, ruft er: ›Ach was gruselt mir, was gruselt mir, liebe Frau! Ja, nun weiß ich, was gruseln ist!‹

Dank seiner Frau erfährt der Held dieser Geschichte im Ehebett, was ihm im Leben bisher gefehlt hat ...«

Eine Seite des Märchens ist damit sicherlich getroffen. Diese ist vielleicht gerade heute aktuell; denn es könnte sein, daß wir mehr oder weniger alle so gefühlsgestört sind wie dieser Märchenheld. Schließlich leben wir alle statt unter natürlichen, lebensfreundlichen Bedingungen, in einem verwunschenen Technik-Zauberschloß, und es gruselt uns auch angesichts der nicht zu übersehenden atomaren Drohung und angesichts der fortschreitenden Umweltzerstörung bemerkenswert wenig.

Anders wird der Held von Carl-Heinz Mallet, einem Lehrer und Märchendeuter, beurteilt. Er hält ihn für einen unerschrockenen, eigenwilligen Jungen, der die Anpassung an das Übliche, an die Norm verweigert. Er durchschaut auch, daß sich hinter einem Gespenst nur ein verkleideter Spitzbube verbergen kann usw. (93). Vollends idealisiert wird der Held von Kurt Stiasny. Der sieht in ihm einen zukünftigen Künstler oder Wissenschaftler, kurz einen, der mehr wissen und mehr erkennen will über Tod und Leben, als die anderen, einen wie Faust, der erkennen will, »was die Welt im innersten zusammenhält,« einen, dem es gelingt, mit selbstgewählten Werkzeugen auch den mächtigsten und lebensbedrohlichen Zauber und Zauberer zu bezwingen und unter seine Kontrolle zu bringen und der so auch die unter der Erde liegenden Schätze bergen kann (81).

Das dritte Märchen: »Der treue Johannes« (KHM 6) wählten wir nach dem Inhaltsverzeichnis aus, als eines, das wir alle noch nicht kannten. In diesem fühlt – wie in vielen Märchen – ein alter, weiser und besorgter König sein Ende nahen. Er empfiehlt seinen noch unmündigen Sohn, der später König werden soll, der Obhut des treuen Johannes an. Dieser soll den Sohn in die vielen Gemächer des Schlosses und allmählich in die Regierungsgeschäfte einweihen; nur ein Zimmer des Schlosses dürfe er nicht betreten, ja, er dürfe nicht einmal hineinsehen. Es drohe dort große Gefahr für den Prinzen. Der Raum enthalte das Bildnis der Königstochter vom goldenen Dach. Sollte der Prinz das Bild zu Gesicht bekommen, falle er in Ohnmacht und es komme viel Unglück über ihn. Natürlich kann schließlich der treue Johannes nicht verhindern, daß sich der Prinz (in das Bildnis) verliebt; er kann aber durch tollkühne Leistungen das über dem Prinzen schwebende Unheil abwenden und für ihn die Braut erringen. Dazu gehört, daß der treue Johannes ein wunderbares, dem Prinzen zugedachtes Pferd töten muß, weil dies sonst mit dem Prinzen durchgegangen und ihn auf Nimmerwiedersehen entführt hätte. Er muß das golddurchwirkte Nachtgewand des Prinzen vernichten, weil dieses sonst den Prinzen bis auf die Knochen verbrannt hätte, und er muß zuletzt drei Tropfen Blut aus der Brust der Braut saugen, sonst wäre sie gestorben. All dies konnte er bewerkstelligen, weil er weise Raben belauscht hatte, die wußten, was zu tun ist, aber mit der Auflage, daß er mit niemandem darüber sprechen dürfe, sonst werde er zu Stein. Natürlich verstand niemand den Sinn dieser Taten, und der König, der ihn gerne geschützt hätte, konnte nicht verhindern, daß ein Gericht den treuen Johannes zum Tod auf dem Scheiterhaufen verurteilte. Da er nun doch sterben mußte, berichtete er, warum er dies alles getan hatte. Gleich ließ der König die Flammen löschen. Es war aber zu spät; der treue Johannes war zu einem Denkmal aus Stein geworden, das der König im Schlafgemach aufstellte, da er und die Königin ihr Glück dem treuen Johannes verdankten. Zu diesem Glück gehörten auch zwei wunderschöne und lebhafte kleine Zwillingssöhne.[1]

So weit, so gut! Bis hierher folgten meine Töchter voller Spannung der Erzählung. Schwierigkeiten gab es erst, als es um die Erlösung des treuen, zu Stein gewordenen Johannes ging. Als nämlich eines Tages die Königin in der Kirche und der König allein zu Hause war, umspielt von seinen beiden Knaben, dachte er wieder über das schlimme Schicksal des treuen Johannes nach, das dieser für ihn erlitten hatte. Da tönte es aus der Johannes-Steinstatue: »... du kannst mich wieder lebendig machen, wenn du dein Liebstes daran wenden willst.«

Da rief der König: »Alles, was ich auf der Welt habe, will ich für dich hingeben!« Sprach der Stein weiter: »Wenn du mit deiner eigenen Hand deinen beiden Kindern den Kopf abhaust und mich mit ihrem Blute bestreichest, so erhalte ich das Leben wieder.« Der König erschrak... – ebenso meine Töchter. Ich selbst ärgerte mich darüber, daß ich aus dem Märchenbuch keine bessere Gute-Nacht-Geschichte herausgesucht hatte. Zugleich wurde ich im Vorlesen von den Mädchen unterbrochen.

Anna: »Hättest du das gemacht?«
Ich: »Natürlich nicht!«
Lieselotte: »Und wenn es Gott befohlen hätte?«[2]
Ich: »Auch dann nicht!«

Mit meiner sofortigen und entschiedenen Stellungnahme waren meine Töchter sehr zufrieden, und sie blieben es auch, als sich beim weiteren Vorlesen herausstellte, daß meine vorschnelle Äußerung völlig neben der Moral der Geschichte lag. Denn nachdem der König mit eigener Hand seinen Söhnen den Kopf abgeschlagen und mit ihrem Blute den steinernen Johannes bestrichen hatte, »...so kehrte das Leben zurück, und der getreue Johannes stand wieder frisch und gesund vor ihm. Er sprach zum König: ›Deine Treue soll nicht unbelohnt bleiben‹, und nahm die Häupter der Kinder, setzte sie auf und bestrich die Wunde mit ihrem Blut, davon wurden sie im Augenblick wieder heil, sprangen herum und spielten fort, als wäre ihnen nichts geschehen.« Die Königin wurde, vom Kirchgang zurück, auch noch auf die Probe und vor die Wahl gestellt, und sie entschied sich trotz allen Entsetzens und trotz aller Trauer ebenfalls dafür, daß der König den Kindern den Kopf abhauen solle. Darauf holte der König die gesunden Kinder und den erlösten Johannes aus dem Schrank, wohinein er sie zuvor versteckt hatte und...» da lebten sie zusammen in Glückseligkeit bis an ihr Ende.«
Meine ›falsche‹ Entscheidung war, wie mir nachträglich noch klar wurde, auch aus einem ganz anderen Grunde wichtig. Schließlich konnte man mir allerhand zutrauen, nachdem ich ja auch derjenige bin, der den Aalen bei lebendigem Leibe die Köpfe abschneidet oder derjenige, der überzähligen Hähnen zum Schlachten den Kopf abhaut, und der dafür auch gute Begründungen hat. Auf dieser Ebene lag jedenfalls das Problem, das Anna und ich im Zusammenhang mit dem Märchen vom häßlichen jungen Entlein besprochen hatten. Annas Phantasien bei ihrer ansatzweisen Dunkelangst könnten ja ebenfalls damit zu tun gehabt haben. Die Gründlinge allerdings machten die Kinder nicht gruseln, im

Gegensatz zu demjenigen, »der auszog, das Fürchten zu lernen«, Gründlinge werden ja auch nicht geschlachtet, sondern können pfundweise das Wehr hinaufgetragen und wieder ausgesetzt werden. In diesen Zusammenhängen war es sicher gut zu wissen, daß ich klar entschieden den Kindern nicht dasselbe wie den Aalen antun würde, selbst wenn es Gott befehlen sollte. Darüber haben wir natürlich nicht ausführlich gesprochen, und es erscheint ja auch für das wache Bewußtsein absurd-märchenhaft. Dies schließt aber nicht aus, daß das Unbewußte sich nicht doch seinen eigenen Reim darauf macht.

Die wiedergegebenen Beispiele zeigen, wie Kinder Märchen aufnehmen und jeweils zu ihrem Nutzen verwenden, und es ergab sich auch jeweils ein nicht vorhergesehener Dialog zwischen mir und den Töchtern. Das Märchen war so auch ein Mittel, sich zugleich mit mir auseinanderzusetzen. Die Märchen zeigten außerdem, wie es aus einer scheinbar hoffnungslosen Lage jeweils noch einen Weg gibt, um sich und andere aus Verwünschungen zu befreien, die Dinge zum Guten zu wenden und zu überleben.

Der, »der auszog, das Fürchten zu lernen«, und der von Vater und Bruder, von seiner eigenen Familie und von der des Küsters längst verachtet, weil er zu nichts nütze war, der verdankte sein Glück allein seiner eigenen Unerschrockenheit. Er ließ sich nicht einschüchtern, und er behielt auch in der schlimmsten Gefahr sein hellwaches Denken und seinen klaren Kopf.

Auch »der treue Johannes« vollbrachte schier unmöglich scheinende Taten. Mit seiner Hellhörigkeit, seiner Umsicht und seiner Fähigkeit zu entschiedenem und kaltblütigem Handeln bezwang er ein zuvor als unausweichlich und allein schicksalhaft dargestelltes Verhängnis. Liebe und Treue zu König und Königsohn waren das ihn leitende Motiv. (Dem »Meisterdieb« gelang vergleichbar genauso Schwieriges. Sein Motiv war aber gerade nicht Treue und Ergebenheit oder gar unbedingter Gehorsam; sein Motiv war vielmehr, mit seinen Fähigkeiten die Macht der Eltern und der Obrigkeit zu unterlaufen und die Herrschaft der Kirche lächerlich zu machen. Da er es gut konnte, wurde er mit seinen Fähigkeiten respektiert und kam nicht an den Galgen. Er mußte aber das Land bzw. das Elternhaus verlassen, um in einem anderen Herrschaftsbereich weise oder wenigstens schlau zu regieren. Zwei solche wie ihn verträgt eben ein Haus, ein Land, ein Herrschaftsbereich nicht.)

Wenn Märchen somit zu der Einsicht beitragen könnten, daß man einen »rettenden Gedanken immer nur selber denken kann«, so Alexander Mitscherlich (mündliche Mitteilung), um dann auch »die Welt besser bestehen« zu können,[3] dann brauchen Kinder, brauchen wir alle auch heute noch oder heute ganz besonders: Märchen. Vielleicht lassen sich mit Märchen sogar die Überlebenschancen viel besser begreifen als mit Mythen.

Dazu möchte ich abschließend noch ein paar Märchen und Mythen miteinander vergleichende Gedanken äußern.

Die Märchen purzeln wie Vagabunden rund um die Welt und durch die Jahrtausende, verkleiden sich jeweils zeitgemäß und kommen so, ebenso mühelos wie listenreich, durch die Zeiten, Grenzen und Herrschaftsbereiche. Sie narren die Obrigkeit und veräppeln die Pfarrer. Der Held verkriecht sich, wenn Gefahr droht, unter Umständen sogar in den Rockfalten von Teufels Großmutter, wie der vom König verfolgte und vom Teufel gejagte, in einer Glückshaut geborene, hoffnungsvolle Jüngling, der zur Ameise verkleinert, alles belauscht – um dann wieder hervorzuspringen, wenn Großmütter das Sagen haben.

Mythen sind demgegenüber ausgearbeitet, von herrschaftlich-dichterischem Rang und von durchgeformter Tragik.

Märchen sind Geschichten des Volkes. Ihre Helden sind Menschen, auch wenn sie vorübergehend in Tiere oder gar Steine verwandelt werden.

Die Helden der Mythen sind königlichen Geblüts oder Halbgötter. In den Mythen pflanzen sich Schuld und Sühne, Verbrechen und Rache von Generation zu Generation fort. Erbsünde, Vater-, Bruder- und Gattenmord, die verbotene Liebe zur Mutter, führen zum tragischen Ende ganzer Familien, Sippen und Völker. Wie einem Wiederholungszwang folgend, setzt sich das Unheil lawinenartig fort bis zur nicht mehr abzuwendenen Katastrophe. Wenn es beim Märchen meist anders geht, so sind diese deshalb nicht oberflächlich oder kindisch; ihr gutes Ende ist nicht Verleugnung, Verdrängung oder Schönfärberei. Der Gevatter Tod ist stets auch mit dabei. Es geht aber gut aus, wenn der Held sich verändert und bewährt hat.

In Mythen hat man demgegenüber oft den Eindruck, daß es eine Wandlung und Reifung des Helden oder der Verhältnisse aufgrund eines fixierten Affektes und eines fixierten Herrschaftsverhältnisses gerade nicht geben soll und daß deshalb das Verhängnis sich wie ein naturgegebenes Schicksal fortpflanzt.

Das Märchen dagegen ist auf Veränderung, Reifung und nach einer Trauer- und Wandlungsphase auf diesseitige Ziele und diesseitiges Leben aus.

Mit aufrechterhaltenem Feindbildmythos aber vermögen uns heute die politischen Riesen zugrunde zu richten, und sie können uns das in der Apokalypse vorhergesagte Weltende bereiten. Eine Verständigung und Veränderung dagegen könnte märchenhaft sein.

Dazu paßt ein Kommentar von Rolf Winter in der Zeitschrift STERN (vom 29. 11. 86) zu dem ersten Gipfelgespräch zwischen dem Präsidenten der USA, Ronald Reagan, und dem Generalsekretär der UdSSR Michael Gorbatschow. Darin schreibt er, daß der Mann im Weißen Haus, der den Gegner und Feind bisher nur als die Inkarnation des Bösen dargestellt hatte, schon im März, als sein Krebsleiden erkannt worden war, den ersten versöhnlichen Brief inoffiziell an Gorbatschow geschrieben haben soll.

Wenn dem so gewesen sein sollte, so wäre er uns damit menschlich näher gerückt, und er wäre aus dem ihn sonst umgebenden, unverwundbaren USA-Cowboy-Mythos (König 1984) herausgetreten. Eher könnte er uns nun wie einer jener Märchenkönige erscheinen, die, an das eigene Ende gemahnt, fähig sind, dieses auch zu akzeptieren. Sie sind auch fähig, sich Sorgen zu machen, wie es nach ihrem Tode, im Interesse der Nachkommenden weitergehen soll, und dies über alle vorher unüberwindlich scheinenden Feindbilder hinweg. Aber selbst diesen Sinneswandel vorausgesetzt, wären damit Verwünschungen und böser Zauber noch lange nicht aus der Welt. Diese könnten sich nur dann verflüchtigen, wenn wir alle die Unsterblichkeit und Unerschrockenheit dessen hätten, der auszog, das Fürchten zu lernen.

Über kurz oder lang sind wir selber, wenn auch nicht gerade einer der weisen Märchenkönige, so doch wenigstens Mütter und Väter bzw. Großmütter und Großväter, die die Endlichkeit des eigenen Daseins begreifen. Objektiver müßten wir uns darüberhinaus über den Fortbestand des Lebens auf der Erde mehr Sorgen machen als jemals eine frühere Generation. Wenn wir aber mit dazu beigetragen haben sollten, daß unsere Kinder einmal mit der Welt und dem Leben besser und sorgsamer umgehen können, als uns dies gelungen ist, könnte sich doch alles noch märchenhaft lebendig zum Guten wenden über Verhängnis und Untergangsmythos hinweg, was allerdings die Fähigkeit zu Trauern zur Voraussetzung hätte (Mitscherlich). Psychoanalytisch würde dies heißen, daß es den libidinösen und Selbsterhaltungskräften doch noch gelänge, sich gegen die weltweit organisierte Destrudo durchzusetzen.

Märchen sind kein Allheilmittel in dieser Richtung; ein nicht hoch genug zu schätzender Beitrag dazu sind sie aber doch, gerade auch heute.

Christa Heinemann

MÄRCHEN VON ANDERSWO

Ausländerkinder erzählen Märchen ihrer Heimat

Der Anstoß zum Sammeln ausländischer Märchen war eher zufällig. Mit einer 6. Realschulklasse beschäftigte ich mich im Deutschunterricht mit den Märchen der Brüder Grimm. Einige Schüler fragten: »Warum lesen wir eigentlich nur deutsche Märchen?« Und Francesco stellte fest: »Bei uns in Italien gibt es Märchen, die haben ganz ähnliche Motive wie die deutschen.« Er erzählte das Märchen »Holzlöffel und die schöne Dandara«, schrieb es auf, als ich ihn darum bat, und erklärte dazu: »Das Märchen habe ich von meinem Vater, der es in einem Dorf in Kalabrien namens Ciró gehört hat. Dort erzählten sich alte Leute die lustigsten, spanndendsten und aufregendsten Märchen, die sie kannten.«

Francescos Erzählung regte drei weitere Ausländerkinder der Klasse an, ihre Eltern nach Märchen zu fragen und sie aufzuschreiben; ein türkisches, ein jugoslawisches und ein spanisches Märchen waren das Ergebnis.

Myriam, von der die Sage vom Cuelebre stammt, schrieb dazu: »Dies ist eine keltische Geschichte aus Asturien in Nordspanien. Mein Vater hat sie mir erzählt.« Myriams Vater berichtete mir später, durch das Märchenerzählen sei er mit seiner Tochter ins Gespräch gekommen; sie versuche, sich mit seiner Hilfe Bücher zu beschaffen und so viel wie möglich über Sagen, Sitten und Gebräuche ihrer Heimat zu erfahren: unseren Kindern geht ja die eigene Kultur verloren. Deshalb ist es so wichtig, daß sie angeregt werden, über ihre Identität nachzudenken.«

Die Erfahrungen in dieser Klasse ermutigten mich, im folgenden Schuljahr in meiner eigenen Klasse, wiederum einer 6. Realschulklasse, das Sammeln ausländischer Märchen von vornherein in den Unterricht einzuplanen.

Die Hälfte der Schüler meiner Klasse sind Ausländerkinder aus sechs verschiedenen Nationen: Spanien, Jugoslawien, Griechenland, Türkei, Tunesien, Marokko. Es lag daher nahe, Partnergruppen mit je einem deutschen und einem ausländischen Kind zu bilden. Im Unterricht erzählten die Ausländerkinder ihren deutschen Partnern Märchen, die sie von Eltern und Verwandten gehört hatten. Ich hatte währenddessen Zeit, die Klasse zu beobachten und der einen oder anderen Gruppe zuzuhören. Die Kinder steckten die Köpfe zusammen; es herrschte gedämpftes Flüstern und Murmeln, gelegentlich unterbrochen durch Kichern und Lachen. Als sie damit anfingen, die Märchen aufzuschreiben, mußten sich die Partner einigen: »Wer soll schreiben, Deutsche oder Ausländer? Am besten diejenigen, die am schnellsten schreiben und die wenigsten Fehler machen!«

Beim gemeinsamen Formulieren der Texte zeigte sich, daß einige Märchen ungenau erzählt worden waren: »Das habe ich nicht richtig verstanden, wie du das meinst. – So gibt das doch keinen Sinn, das mußt du genauer sagen! – Wie du das eben erzählt hast, kann es aber nicht stimmen, das ist doch nicht logisch. Da fehlt irgendwas.« Durch Nachfragen wurden die Erzähler gezwungen zu präzisieren.

Gelegentlich wurde ich gebeten zu schlichten, wenn sich zwei Partner nicht einigen konnten: »Wie muß das denn nun heißen: sie ärgerte sich? Nein, besser ist doch: sie wurde wütend.« Ich schlug vor, die fragliche Situation zu spielen, und die »richtige« Formulierung ergab sich danach von selbst.

Manchmal gab es übersetzungsbedingte Schwierigkeiten. Ricardo fragte etwas ratlos: »Wie soll ich denn das bloß in Deutsch sagen? In meinem Märchen kommt eine Burg mit einem Namen vor. Wenn man den wörtlich übersetzt, dann heißt es ›Die Burg vom Hingehen und nicht mehr Wiederkommen.‹ Das ist aber doch kein Name!« In der Klasse wurden verschiedene Vorschläge diskutiert, und schließlich einigte man sich auf »Die Burg Nimmerwiederkehr.«

Noch schwieriger war Sanelas Problem: »Ich habe ein serbokroatisches Märchen (Die alte Frau und der Wolf), da kommt ein Sprachspiel drin vor. Das kann man aber nicht übersetzen, dann gibt es keinen Sinn mehr.« Ich bat sie, das Märchen möglichst wortgetreu zu übersetzen und deutsch und serbokroatisch aufzuschreiben. Als Sanela den serbokroatischen Text vorlas, wurde deutlich, daß der Sprachwitz durch Klang- und Bedeutungsähnlichkeit von Namen und Tätigkeiten bedingt war. Auf meinen Vorschlag fügte sie den serbokroatischen Namen die deutsche Übersetzung in Klammern hinzu und schrieb den Schlußdialog in beiden Sprachen. Beim Vorlesen der endgültigen Fassung zeigte sich an der Reaktion der Mitschüler, daß sie das Spiel mit der Sprache verstanden hatten.

Raschida, eine marokkanische Schülerin, bestand darauf, ihre Märchen selbst aufzuschreiben. Sie fand sehr schöne sprachliche Wendungen, die unmittelbar aus dem Arabischen übernommen waren. Sie hatte aber Schwierigkeiten, korrekte deutsche Sätze zu bilden. Ihre Partnerin Anke schaute ihr aufmerksam zu und unterbrach sie von Zeit zu Zeit: »So ist das aber kein richtiger Satz. Streich das noch mal durch und schreib es so, wie ich es dir diktiere.« Raschida ging darauf ein, protestierte aber einige Male, wenn sie nicht einverstanden war. Die beiden einigten sich dann auf eine Formulierung, die beide akzeptieren konnten.

Raschida, die konsequent islamisch erzogen wird und kaum Außenkontakte hat, war früher meist scheu und zurückhaltend und wurde von den Mitschülern wenig beachtet. Sie »blühte auf«, als ihre Märchen bei den Klassenkameraden Beifall und Bewunderung erregten: sie nimmt seitdem viel öfter von sich aus Kontakte auf und wird auch mehr als vorher in Gespräche und Spiele einbezogen. Einmal berichtete sie mir: »Meine Mutter läßt Sie grüßen und Ihnen sagen, sie freut sich sehr, daß Ihnen und den Kindern die Märchen so gut gefallen.« Über die Herkunft ihrer Märchen schrieb sie: »Ein Märchen hat mir meine Base in Tétouan erzählt, ein Märchen habe ich von meiner Oma aus Zaió. Die anderen hat mir meine Mutter erzählt.«

Die andern Kindern berichteten ebenfalls, daß ihnen Eltern und Großeltern Märchen erzählt hatten; Ricardo legte Wert auf die Feststellung, daß seine spanischen Märchen aus Galizien stammen, und Stolz klingt aus Alens Worten: »Diese Märchen stammen aus dem schönen Dalmatien und sind von meinem Großvater erzählt worden.« Sèmi schrieb über seine anekdotenhaften Geschichten vom »klugen Mann«: »In Tunesien erzählen sich die Leute gegenseitig die Geschichten vom klugen Mann und erfinden auch manchmal ein paar neue. Ich habe sie von meinem Vater und von meinen Verwandten in Tunis.« Ähnliches berichteten Mustafa und Oktay über die Geschichten vom »weisen Mann«, die überall in der Türkei verbreitet sind. Oktay erzählte auch, daß es in der Türkei viele Märchen von Keloḡlan, dem klugen Glatzkopfjungen, gibt, der, obwohl anfangs immer arm und verachtet, nach vielen Abenteuern durch Reichtum belohnt wird und die schönste Prinzessin zur Frau bekommt: »Diese Geschichten stammen aus der Türkei. Dort habe ich sie vor fünf Jahren gehört. Hier in Deutschland habe ich sie dann weitererzählt.« Oktay, der erst als Achtjähriger nach Deutschland kam, war besonders stolz, daß es ihm gelungen war, mit Hilfe eines Mitschülers seine Märchen aufzuschreiben.

Das Sammeln, Erzählen und Aufschreiben der Märchen dauerte etwa drei Wochen. Immer wieder wurden fertige Texte vorgelesen, die die übrigen Schüler der Klasse zur Weiterarbeit anspornten. Die vorliegenden Rohfassungen wurden von mir korrigiert; dabei wurden aber nur Rechtschreibfehler und grammatische Fehler berichtigt, denn die ursprünglichen Formulierungen der Kinder sollten erhalten bleiben. Beim Anfertigen korrigierter Abschriften als Vorlage für das Schreibmaschinenmanuskript drohten einige Schüler zu erlahmen. Das gemeinsame Ziel, ein eigenes »Märchenbuch« herzustellen, bot allerdings immer wieder einen Anreiz zum Durchhalten, und die Kinder ermutigten sich gegenseitig: »Nun streng dich doch noch ein bißchen an, unser Buch soll doch fertig werden.« Als die ersten Schreibmaschinenseiten vorlagen, waren die Schüler von der äußeren Form ihrer

»Werke« so angetan, daß sie bereit waren, auch noch Illustrationen zu zeichnen, »um das Buch noch schöner zu machen.«

Als Ergebnis der gemeinsamen Anstrengungen erhielten alle Kinder eine gebundene Ausgabe der Märchensammlung, die der Vater eines Schülers hergestellt hatte. Für einen Werkstatt-Tag der Schule wurde eine fotomechanisch verkleinerte Fassung der Texte angefertigt; die Schüler ordneten und hefteten die Blätter, bereiteten eine Ausstellung mit den Buchseiten vor und malten Werbeplakate und Fahnen aller beteiligten Nationalitäten. Der Verkauf von fast 50 Märchenheften und die Anerkennung der Erwachsenen war Lohn für alle Mühe.

Wie sehr sich die Kinder mit der Märchensammlung als gemeinsamer Leistung von Deutschen und Ausländern identifizierten, zeigt die Äußerung von Thomas: »Die Leute sagen immer, wir sind eine Assi-Schule (assi = asozial), weil bei uns so viele Ausländer sind. Aber hier kann man mal so richtig sehen, was unsere Ausländer können!« Und Marco stellte fest.: »Eigentlich sind wir richtige Brüder Grimm, denn wir haben Märchen gesammelt, die sonst verlorengegangen wären.«

Die folgenden Märchen sind eine Auswahl aus 41 Märchen und Geschichten, die Ausländerkinder der Valentin-Traudt-Schule in Kassel ihren deutschen Mitschülern erzählt haben.

Aus Italien

HOLZLÖFFEL UND DIE SCHÖNE DANDARA

Es waren einmal zwei arme unverheiratete Schwestern, von denen eine schwanger war. Die beiden suchten jeden Tag Gemüse, bis sie eines Tages einen schönen Garten entdeckten. Dieser Garten gehörte einem bösen Hexer. Die Schwestern gingen jetzt jeden Tag in den Garten und pflückten Gemüse. Eines Tages versteckte sich der Hexer in der Erde, so daß man nur ein Ohr sah. Als die

Schwestern nun wieder in den Garten kamen, rief eine von ihnen: »Guck mal, da ist ein Pilz!« Es war aber das Ohr vom Hexer. Als das Mädchen das Ohr abschneiden wollte, packte es der Hexer und wollte es zum Fressen mit nach Hause nehmen. Da rief die andere: »Du kannst mein Kind haben, wenn es acht Jahre ist, laß aber meine Schwester laufen.« Der Hexer willigte ein.

Als acht Jahre vergangen waren, sah der Hexer den Jungen, der Holzlöffel genannt wurde, in einem kleinen Dorf. Er sagte ihm: »Erinnere deine Mutter an ein Abkommen.«

Der Junge dachte sich nichts dabei und überbrachte der Mutter die Nachricht. Die fing an zu weinen und sagte ihm: »Sag dem Mann, du hättest vergessen, mir das zu sagen.«

Am nächsten Tag sah Holzlöffel wieder den Hexer. Der gab ihm einen Ring, damit er sich erinnern und es seiner Mutter sagen würde. Als er seine Mutter an das Abkommen erinnerte, sagte sie: »Sag dem Mann: Wo er ihn sieht, soll er ihn mitnehmen.« Da der Junge dachte, daß die Mutter meinte, der Hexer solle den Ring mitnehmen, sagte er es ihm und wurde mitgenommen.

Im Haus vom Hexer wurde Holzlöffel in ein großes Weinfaß eingesperrt, und er wurde von der Tochter des Hexers gefüttert. Sie war sehr schön, deshalb hieß sie die schöne Dandara. Holzlöffel wurde gefüttert und gefüttert, weil der Hexer ihn fressen wollte.

Eines Tages wollte der Hexer sehen, ob Holzlöffel fett genug war. Da er nicht richtig sah, gab ihm Holzlöffel statt des Fingers einen Knochen, und der Hexer ließ ihn weiterfüttern.

So ging das zehn Jahre lang weiter. Holzlöffel und die schöne Dandara waren herangewachsen und liebten sich sehr. Der Hexer hatte die Geduld verloren, deshalb sagte er zur schönen Dandara: »Morgen wird Holzlöffel von deiner Mutter zu einem herrlichen Gericht gemacht und wird gefressen.«

Da heckten Holzlöffel und die schöne Dandara einen Plan aus. Sie wollten am Abend, wenn die Eltern aus dem Haus waren, all die Zaubersachen mit Zauberöl beschmieren, damit sie nicht reden konnten, und dann wollten sie fliehen. Das taten sie auch, aber sie vergaßen, den Mörser zu beschmieren. Nun liefen sie, so schnell die Beine sie trugen.

Als der Hexer und die Hexe nach Hause kamen, erzählte der Mörser ihnen alles. Da lief der Hexer hinterher und hätte sie beinahe eingeholt; da warf die schöne Dandara eine Zauberseife weg, und es bildete sich vor dem Hexer ein großer See. Und er kam beinahe nicht ans andere Ufer; also hatten Holzlöffel und die schöne Dandara einen großen Vorsprung.

So ging es weiter und weiter. Die schöne Dandara hatte gerade die letzte Zaubersache weggeworfen, als der Hexer die Sache aufgab und nach Hause lief. Da erzählte der Hexer alles seiner Frau. Sie nannte ihn einen Trottel und lief nun selber, so schnell sie konnte.

Auch sie holte Holzlöffel und die schöne Dandara ein. Da warf Dandara einen Zauberstein weg, und es bildete sich ein Haus ohne Fenster und ohne Türen, und sie waren oben darauf. Da sprach die Hexe einen Fluch: »Holzlöffel, wenn deine Mutter dich küßt, sollst du Dandara vergessen.«

Als Holzlöffel seine Mutter besuchen wollte, erinnerte ihn Dandara an den Fluch, aber er ging doch. Als er zu Hause ankam, fragten die Mutter und die Tante, wer er sei. Er sagte: »Mutter, erkennst du mich nicht mehr?« Da erinnerte sie sich und wollte ihn küssen. Holzlöffel sagte ihr: »Du darfst alles mit mir machen, aber du darfst mich nicht küssen.«

Als er am Abend schlafen ging, waren die Mutter und die Tante noch wach, und als Holzlöffel eingeschlafen war, küßte ihn seine Mutter, und er vergaß die schöne Dandara.

Eines Tages erzählten alle im Dorf, daß Holzlöffel heiraten wollte.

Das erfuhr auch Dandara, und sie sagte einer Frau: »Hier hast du Geld, kauf damit fünf Kilo Mehl, drei Kilo für mich, den Rest kannst du haben.« Aus dem Mehl backte sie zwei Puppen und legte sie auf den Altar.

Als das Paar getraut werden sollte und der Priester anfangen wollte, aus der Bibel zu lesen, sprangen die Puppen auf und sagten: »Holzlöffel, erinnerst du dich daran, daß der Hexer dich in ein Faß einsperrte?« Er sagte: »Nein!« Dann sagten die Puppen: »Erinnerst du dich an die schöne Dandara?« »Nein, aber langsam kommt mir etwas bekannt vor.« Wieder fragten die Puppen: »Erinnerst du dich daran, daß du mit Dandara fliehen wolltest und der Hexer und die Hexe euch wieder einfangen wollten und Dandara Zaubersachen wegwarf?« Holzlöffel sagte: »Langsam erinnere ich mich.« Da sagten die Puppen wieder: »Und erinnerst du dich daran, daß die Hexe einen Fluch sprach, daß du Dandara vergessen würdest, wenn deine Mutter dich küßte?« Er sagte jetzt: »Ja, ich erinnere mich.«

Da sprang die schöne Dandara unter dem Altar hervor, und nun heiratete er sie statt der anderen Frau, und sie lebten glücklich und zufrieden bis an ihr Lebensende.

Francesco Vasami

Aus Spanien

DER CUELEBRE

Ich schwöre dir, wir alle haben von dem Cuelebre gehört, von irgendeiner Oma aus irgendeinem Dorf oder von irgendeinem, der beim Kalben geholfen hat.

Wenn man schon den Namen Cuelebre hört, kriegt man schon eine Gänsehaut, und man denkt an eine Schlange, aber das ist noch nicht alles!

Der Cuelebre hat einen Schlangenkörper, ist sehr lang und hat leuchtende Schuppen. Seine Aufgabe ist es, über Schätze und Flußjungfrauen und verzauberte Leute aus Asturien zu wachen. Seine Schuppen sind so hart, daß man ihn nur am Hals oder am Maul verletzen kann.

Ricardo González

Aber nicht alle Cuelebres gehören zu dieser Sorte. Man erzählt auch, daß es Menschen gibt, die in einen Cuelebre verzaubert sind.

Sie sehen zwar so aus wie ein richtiger Cuelebre, aber im Inneren verbirgt sich ein blaublütiges und wunderhübsches Mädchen, das auf irgendjemanden hofft, der es entzaubert und heiratet, um dann mit ihm alle seine Reichtümer zu teilen, und das sind nicht wenige!

Um das Mädchen zu entzaubern, muß man dem Cuelebre drei Küsse aufs Maul geben, und dazu gehört sehr viel Mut!

Wenn die Cuelebres alt werden, will Gott sie nicht mehr auf der Erde haben, und dann verstecken sie sich in der Tiefe der Seen. Man nennt die Seen »die verborgenen Seen der verzauberten Schlangenjungfrauen.«

Die Seen sind voll Diamanten. Aber Vorsicht! Die Cuelebres bewachen diese Diamanten! Es gibt aber doch noch eine Möglichkeit, um an die Diamanten heranzukommen. Man befestigt Fleischstücke an einem Angelhaken und wirft sie ins Wasser. Dann bleiben die Diamanten daran hängen, und man kann sie an die Wasseroberfläche ziehen. Das gelingt nicht immer, denn wenn der Cuelebre das Fleisch vorher frißt, kann man sie nicht herausziehen.

Man sagt, der Cuelebre wohnt in Höhlen, in Flüssen und in sumpfigen Gebieten, ewig die Schätze und die verzauberten Jungfrauen bewachend, um zu verhindern, daß man sie in Besitz nehmen kann.

Eine Nacht im Jahr ist es den Asturiern möglich, die Cuelebres zu überlisten, und zwar in der Johannisnacht. Das ist die magische Nacht der asturischen Kelten, in der sich alle an den Händen halten und um ein riesiges Feuer tanzen.

Myriam Garcia Cordero

Aus Spanien (Galicien)

DIE BURG NIMMERWIEDERKEHR

Es war einmal ein junger Mann, der kam nach Hause und sagte zu seiner Mutter: »Tu mir einen Laib Brot und ein Stück Käse in ein Säcklein hinein und binde dieses Bündel an meinen Wanderstock.« Die Mutter guckte erstaunt und fragte ihn, wo er hingehen wolle. Der Sohn antwortete voller Ernst: »Ich will zur Burg Nimmerwiederkehr.« Die Mutter weinte und sagte zu ihrem Sohn, er solle dableiben. Aber der Sohn war fest entschlossen und ging fort.

Als er eine Weile gegangen war, sah er auf einem Hügel eine ganze Menge Tiere. Er dachte, die Tiere wollten ihn auffressen, und deshalb fing er an zu laufen. Eines von den Tieren rief ihn zurück, da kriegte er noch mehr Angst, aber er gehorchte. Als er ankam, sah er einen Löwen, einen Fuchs, einen Adler und eine kleine Ameise. Diese hatten ein totes Reh vor den Füßen und wußten nicht, wie sie das Tier gerecht aufteilen sollten. So fragte der Löwe den Jungen, ob er ihnen helfen könne. Der Junge stimmte zu: »Du, kleine Ameise, bekommst den Kopf, so hast du Nahrung und Haus zugleich. Du, Adler, bekommst die Vorderbeine. Du, Fuchs, bekommst die Hinterbeine. Löwe, weil du so groß bist, bekommst du den Rest.«

Die Ameise sagte: »Hier hast du ein Ameisenbeinchen; wenn du in Not bist, sagst du: Ich bin Ameise.« Danach sagte der Adler: »Hier hast du eine Feder von mir, wenn du in Not gerätst, sagst du: Ich bin Adler.« Als nächstes sagte der Fuchs: »Hier hast du eine Fuchskralle, du mußt nur sagen: Ich bin Fuchs, so bist du einer.« Der Löwe sagte: »Hier hast du ein Haar von mir, du brauchst nur zu sagen: Ich bin Löwe, und so bist du es.«

Der Junge verabschiedete sich und ging so schnell wie er konnte fort. Als er an der Burg ankam, stand er vor einem großen Tor. Das Tor war zu, so sagte er: »Ich bin Ameise«, und kroch unterm

Tor durch. Als er drinnen war, ging er durch große Räume, und in einem dieser Räume befand sich ein junges Mädchen. Er ging zu ihr und fragte, wer sie sei. Sie sagte, sie sei eine Prinzessin, und ein kleiner Zwerg habe sie gefangen. Der junge Mann fragte, wie er sie befreien könne, aber sie sagte nur, daß es unmöglich sei. Der junge Mann war müde und schlief im Schoß der Prinzessin ein.

Plötzlich kam eine große Schlange durch die Tür, und das Mädchen fing an zu weinen, und eine Träne fiel dem jungen Mann ins Gesicht, und er wachte auf. Schnell sagte er: »Ich bin Löwe.« Und er kämpfte mit der Schlange. Als die Schlange erschöpft war, sagte er: »Ich bin Mensch« und stellte der Schlange einen Teller voller Milch hin. Die Schlange fing sofort an zu trinken. Wie ein Blitz nahm er einen Knüppel und schlug die Schlange tot.

Das Mädchen sagte: »Mach sie auf.« Der junge Mann nahm ein Messer und schlitzte sie auf. Auf einmal kam ein Hase aus der Schlange heraus. Da sagte der junge Mann: »Ich bin Fuchs«, und er packte den Hasen. Er schlitzte ihn auf, und eine Taube kam heraus. So sagte er: »Ich bin Adler.« Er packte die Taube und machte sie auf. Plötzlich erschien aus dem Bauch ein Ei. Das junge

Ricardo Gonzáles

Mädchen sagte, daß er das Ei auf der Stirn des Zwerges zerbrechen solle.

Durch den Lärm kam der Zwerg herbei, und der junge Mann warf ihm das Ei mitten auf die Stirn. In diesem Augenblick fiel der Zwerg zu Boden, und das Schloß verschwand. An der Stelle, wo der Zwerg tot umgefallen war, wuchs auf einmal ein Baum. Der Junge und das Mädchen gingen fort und lebten zufrieden bis an ihr Ende.

Erzählt von Ricardo Gonzáles, aufgeschrieben von Ricardo Gonzáles und Marco Biering

Aus Jugoslawien

HASE, BÄR UND FUCHS

Es waren einmal ein Hase, ein Fuchs und ein Bär, die arbeiteten auf einem Maisfeld. Die Frau des Fuchses backte für sie einen Ku-

Alen Tutnjević

chen. Da sie so geizig waren, wollten sie dem Bären und dem Hasen nichts abgeben. Der Fuchs und seine Frau vereinbarten, daß die Frau ihn jede halbe Stunde rufen sollte.

Als seine Frau ihn zum ersten Mal gerufen hatte, kam der Fuchs und aß ein Stück vom Kuchen auf. Als sie ihn zum zweiten Mal gerufen hatte, verschlang er noch ein Stückchen. Und der Hase und der Bär waren mit der Feldarbeit schon fast fertig. Da rief die Frau den Fuchs zum dritten Mal, und der Fuchs verschlang den Rest des Kuchens.

Der Bär und der Hase waren inzwischen schon fertig mit dem Feld und machten sich auf den Weg zum Hause der Fuchsfamilie. Der Fuchs kam eilig rausgesprungen und sagte: »Kommt, wir schlafen eine Runde, bis der Kuchen kalt geworden ist.«

Der Fuchs tat aber nur so, als ob er schliefe, und rieb den Rest des Kuchens dem schlafenden Hasen unter die Füße. Dann sagte er: »Wer die Kuchenreste unter den Füßen hat, der hat den Kuchen gefressen.«

Der Bär und der Fuchs jagten den Hasen, bis sie ihn erwischten, und fraßen ihn auf.

Erzählt von Alen Tutnjević, aufgeschrieben von Alen Tutnjević und Mark Triebfürst

Aus Jugoslawien

DIE ALTE FRAU UND DER WOLF

Es ging einmal eine alte Frau im Wald spazieren, die hatte drei Söhne, die hießen Dvirdošu (Fest), Mekošu (Weich) und Nejdošu (Nie mehr gehen). Da kam ein Wolf, er sagte: »Oma, Oma, ich will dich fressen!« Da antwortete die alte Frau: »Ich habe drei Söhne, die heißen Dvirdošu, Mekošu und Nejdošu, die will ich

dir geben, aber verschone mich.« Da sagte der Wolf: »Na gut, ich komme nachher zu dir nach Hause.«

Die alte Frau beeilte sich, nach Hause zu kommen, und schloß die Tür ab. Als der Wolf kam, sagte, er: »Gib mir Dvirdošu (Fest).« »Fest hat Oma zugeschlossen die Tür.« »Gib mir Mekošu (Weich).« »Weich hat die Oma fertiggemacht das Bett.« »Gib mir Nejdošu (Nie mehr gehen).« »Nie mehr geht die Oma in den Wald.«

(»Daj mi Dvirdošu.« »Dvirdo je baka saključala vrata.« »Daj mi Mekošu.« »Meko je baka namjestila postavu da spava.« »Daj mi Nejdošu.« »Nejde baka više u šipke.«)

Sanela Blaževič

DER DRACHE

Es war einmal ein König, und in seinem Land war ein Drache. Der Drache trank immer das Wasser des ganzen Landes. Jedes Jahr aß er ein Mädchen und spuckte dann das Wasser wieder aus. Dann hatten die Leute wieder Wasser für ein ganzes Jahr.

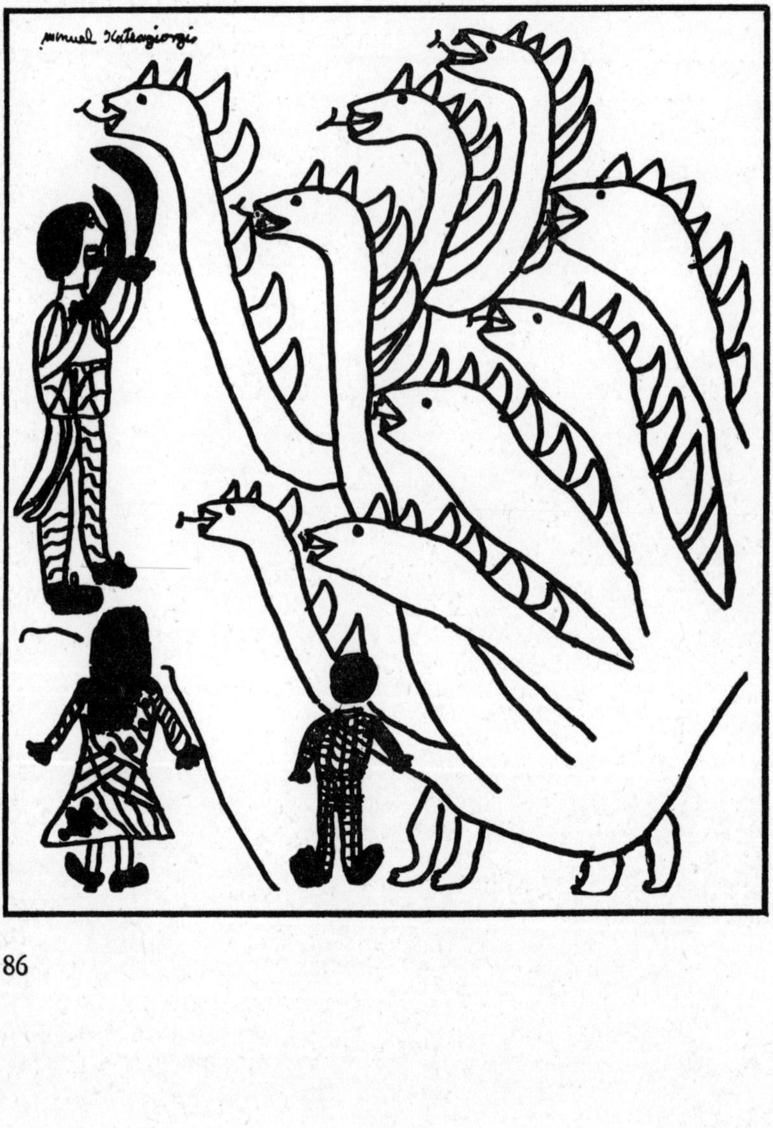

Dieses Jahr war die Prinzessin an der Reihe. Der König sagte: »Wer den Drachen tötet, kriegt meine Tochter zur Frau.«

Es kam der Tag, an dem die Prinzessin vom Drachen verspeist werden sollte. Ein Jüngling mit Namen Georg hatte es erfahren und wartete an dem Ort, an dem die Prinzessin gefressen werden sollte. Die Prinzessin kam mit ihrem Diener zur Höhle. Der Drache kam, um die Prinzessin zu fressen. Georg kam aus seinem Versteck gesprungen mit einem Schwert in der Hand, und es kam zu einem schrecklichen Kampf zwischen Georg und dem Drachen. Georg schnitt ihm alle neun Köpfe ab, und das Wasser lief ins Tal hinunter, und die Leute waren traurig, weil sie dachten, daß die Prinzessin tot wäre. Georg schnitt alle neun Zungen aus den Köpfen des Drachen ab und verschwand.

Der Diener der Prinzessin sagte zu ihr: »Du mußt dem König sagen, daß ich den Drachen getötet habe. Wenn du es nicht tust, dann bringe ich dich um.« Er nahm die neun Köpfe des Drachen und die Prinzessin, und auf dem Weg zum Schloß kam er am Dorf vorbei, und die Prinzessin sagte: »Der Diener hat den Drachen getötet.« Die Hochzeit wurde vorbereitet, und dann saßen alle am Tisch.

Da kam Georg herein, und der König fragte: »Wer ist dieser Eindringling, der unsere Feier stört?« Georg fragte: »Wer hat den Drachen getötet?« Der König sagte: »Der Diener hat den Drachen getötet?«

Georg fragte: »Was hat er als Beweisstück mitgebracht?« Der König sagte: »Die neun Köpfe des Drachen.« Georg sagte: »Guck mal, ob überhaupt die Zungen noch in den Köpfen sind.« Der König guckte in die Köpfe, und tatsächlich, die Zungen fehlten! Georg öffnete seinen Sack und nahm neun Zungen heraus, dann sagte er: »Ich habe ihn getötet.« Und die Prinzessin sagte: »Ja, Vater, er hat ihn getötet, aber der Diener hatte mich mit einem Messer bedroht und hat mir gesagt, daß ich sagen sollte, er habe ihn getötet, sonst hätte er mich umgebracht.« Der Diener wurde gehenkt, und Georg und die Prinzessin heirateten und lebten glücklich bis an ihr Lebensende.

Erzählt und aufgeschrieben von Emanoil Katsagiorgis

Aus der Türkei

DER WEISE MANN SUCHT SEINEN ESEL

Eines Tages ging der weise Mann mit seinem Esel in die Stadt. Als er einkaufen ging, band er den Esel an eine Eisenstange fest.

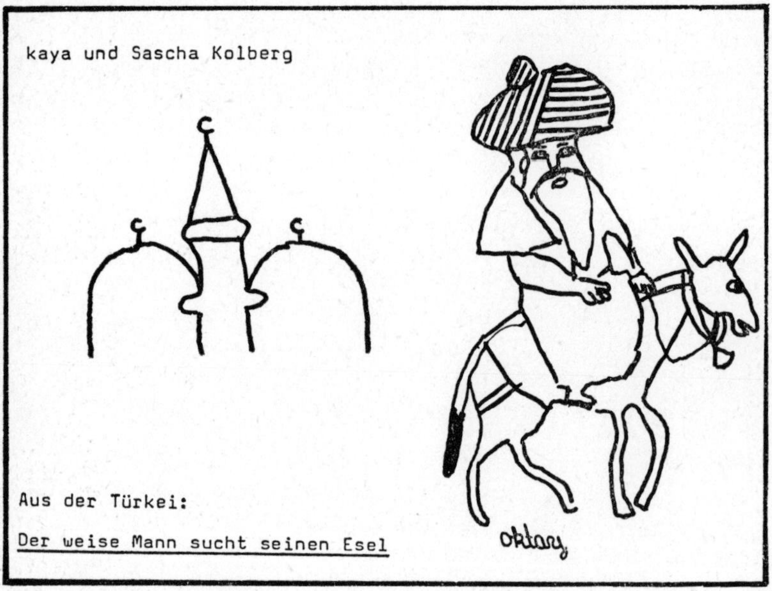

Als er wieder zurückkam, war der Esel verschwunden. Er suchte den Esel überall, fand ihn aber nicht. Er wurde müde und mietete sich ein Zimmer mit Bett für eine Nacht. Er legte sich aber nicht auf das Bett, sondern unter das Bett. Als danach zwei Verliebte kamen, sagte der Mann zu seiner Freundin: »Ich sehe in deinen

Augen Istanbul!« Da steckte der weise Mann seinen Kopf unter seinem Bett hervor und fragte: »Kannst du auch meinen Esel sehen?«

Erzählt von Oktay Karakaya, aufgeschrieben von Oktay Karakaya und Sascha Kolberg

Aus der Türkei

DIE ENTENSUPPE

Als eines Tages der weise Mann hungrig an einen Ententeich kam, wollte er Enten fangen und daraus Entensuppe kochen. Da nahm er sich einen großen Knüppel und schlug auf die Enten los. Nach einer Stunde wurde er müde. Darauf nahm der weise Mann sich Brot aus der Tasche und tauchte es in den Teich hinein.

Da kam ein anderer Mann und fragte, was er da mache. Da antwortete der weise Mann: »Ich esse Entensuppe.«

Erzählt von Mustafa Sivis, aufgeschrieben von Mustafa Sivis und Silke Landgrebe

Aus der Türkei

DER KLUGE GLATZKOPF-KELOĞLAN

Es war einmal ein kluger Glatzkopf. Er war arm und wurde von den anderen Leuten verstoßen, aber jeder wußte, daß er einen klugen Kopf hatte. Als er eines Morgens aufstand, hörte er eine Botschaft vom König. Sie lautete, daß seine Tochter jeden Morgen mit einem zerrissenen Schuh aufstand, obwohl sie nie abends draußen war. Es war ein Rätsel für den Glatzkopf, das er lösen wollte. Er machte sich schnell auf den Weg zum König.

Als er beim König war, sagte er, daß er das Rätsel lösen wollte. Der König sagte, wenn er das Rätsel nicht lösen könne, dann würde

er geköpft. Der Glatzkopf wollte das Rätsel nur unter einer Bedingung lösen. Der König wollte wissen, welche Bedingung er verlangte. Der Glatzkopf sagte, daß er ein Pferd brauche. Der König wollte wiederum wissen, warum er ein Pferd brauche. Er sagte, er brauche es, um seinen Onkel im Lande zu besuchen. Der König fragte, was er dort wolle. Der Glatzkopf sagte, er wolle dort nachdenken, was mit seiner Tochter los ist. »Aber wenn du nicht wiederkommst«, sagte der König, »dann werden dich meine Wachen holen, denn mit einem König kann man nicht spaßen!« Der Glatzkopf war einverstanden und ritt los.

Auf dem Weg zu seinem Onkel traf er auf drei Räuber, die stritten sich um ein Hemd, einen Stock und einen Schuh. Der Glatzkopf fragte sie, warum sie sich um die Sachen stritten. Da sagte einer von ihnen: »Mit diesem Hemd kannst du unsichtbar werden, wenn du es anziehst, mit den Schuhen kannst du schneller rennen als ein Pferd, und mit dem Stock kannst du Diamanten und Gold zaubern, wenn du ihn auf den Boden schlägst!« Der Glatzkopf sagte: »Das Problem habe ich schon gelöst. Ich werfe den Stock jetzt weg, und wer ihn als erster hat, dem gehört er.« Er warf den Stock weg, und die Räuber liefen hinter dem Stock her. Der Glatzkopf nahm schnell das Hemd und ritt zum König.

Als er ankam, ging er schnell zum König und erzählte, daß er unsichtbar wird, wenn er das Hemd anzieht, und daß er so die Nacht bei der Prinzessin verbringen und beobachten kann, was sie macht. Er tat es.

Er wartete zwei Stunden, bis sich was bewegte. Da kam ein Wesir herein. Er verzauberte die Prinzessin zu einer Tänzerin und nahm sie mit auf sein Schloß. Dort angekommen, tanzte er mit ihr die ganze Nacht durch. Am Morgen brachte er sie zurück und verschwand.

Als es Morgen war, rannte der Glatzkopf schnell zum König und berichtete davon. Als das der König hörte, sagte er: »Ich will mich selber überzeugen.« Die nächste Nacht wartete der König genauso wie der kluge Kopf. Nach zwei Stunden kam der Wesir wieder. Der König verfolgte ihn bis auf sein Schloß. Als er sah, daß sein Oberwesir seine Tochter zur Tänzerin verwandelte, wurde er so wütend, daß er ihn am Morgen köpfen ließ. Die Tochter des Königs und der kluge Glatzkopf vermählten sich, und der Glatzkopf wurde zum Oberwesir gewählt, und beide lebten glücklich bis an ihr Lebensende.

Erzählt von Oktay Karakaya, aufgeschrieben von Oktay Karakaya und Sascha Kolberg

Aus Tunesien

DER KLUGE MANN SCHICKT EINE MAUS ALS BOTIN AUS

In alter Zeit lebte ein Mann, der war klug und betrügerisch, und jeder in der Stadt wußte über seine tückische Listigkeit Bescheid.

So kam es, daß er sich wieder etwas ausdachte, womit er die anderen zu betrügen versuchte. Er nahm zwei Mäuse, steckte die eine in die Tasche, und die andere klebte er an die Wand. Dann sprach er zu seiner Frau: »Koch mir heute Nudeln für fünf oder zehn Gesellen«, und er ging mit der einen Maus zum Wirtshaus und prahlte laut: »Alle mal herhören! Ich habe eine Maus, die läuft zu meiner Frau nach Hause und spricht zu ihr: Koch mir heute Nudeln.« Die Leute, die das hörten, winkten ab und sagten zu ihm: »Gib uns einen Beweis, daß du die Wahrheit sprichst.«

Der Mann nahm die Maus auf den Arm und flüsterte ihr etwas ins Ohr. Danach ließ er die Maus laufen und sagte zu den Leuten: »Ich habe der Maus nun ins Ohr geflüstert, daß meine Frau heute Nudeln kochen soll.« Nach einer Zeit sprach er zu den Leuten: »Kommt zu mir nach Hause und eßt mit mir Nudeln.«

Da gingen sie alle zu ihm nach Hause, und als sie alle erstaunt blickten, waren die Nudeln schon aufgedeckt. Da sagte ein Mann: »Ich will die Maus haben.« Er gab dem klugen Mann zehn Dinar und nahm die Maus mit ins Wirtshaus. Der Käufer hatte aber nicht gemerkt, daß der Verkäufer zwei Mäuse gehabt hatte, eine zu Hause, und die andere hatte er ja laufen lassen.

Der Käufer nahm die Maus mit ins Wirtshaus und wollte das gleiche machen wie der kluge Mann. Dort blamierte er sich aber, weil es nicht klappte. Nun wurde er wütend und ging zu dem Mann, der ihm die Maus verkauft hatte, zurück. Er sagte zu ihm: »Du hast mich betrogen. Gib mir mein Geld zurück!« Aber da sagte der kluge Mann: »Hast du der Maus gesagt, wo du wohnst und was du zu essen haben willst?« Da ging der andere Mann ganz verblüfft nach Hause, um es noch einmal zu versuchen.

Erzählt von Sémi Tascou, aufgeschrieben von Sémi Tascou und Marcus Gottschlich

Aus Marokko

DAS MÄDCHEN, DAS EINEN DERWISCH HEIRATETE

Es waren einmal zwei Brüder. Einer war ein reicher Kaufmann, der andere hingegen war arm und hatte keine Arbeit, er trug ständig dasselbe Hemd und war froh, wenn er täglich einen Laib Brot zu essen hatte für sich und seine Familie, die außer ihm aus seiner Frau, einem Sohn und einer Tochter bestand. Auch der reiche Kaufmann hatte eine Frau, einen Sohn und eine Tochter. Eines Tages wollte der Sohn des reichen Kaufmanns heiraten und sagte zu seiner Mutter: »Mutter, ich möchte heiraten, ich bitte dich, mir eine schöne Braut zu suchen, die so schön wie die Sonne ist.« Am gleichen Tag zog die Mutter hinaus und suchte eine schöne Braut. Sie klopfte an jeder Tür, aber jedes Mal, wenn die Tür aufging, sagten die Leute: »Du tätest besser daran, zur Familie deines Schwagers zu gehen, denn in der ganzen Welt findest du keine schönere Braut als deine Nichte.«

Die reiche Frau folgte diesem Rat und nahm kostbare Ringe mit. Die Familie des armen Mannes war gewöhnlich sehr aufgeregt, wenn ein Reicher sie besuchte. Als die arme Frau ihre reiche Schwägerin sah, begrüßte sie sie so: »Gott segne dich, du kommst in dein eigenes Haus.« Die reiche Frau sagte nur: »Mir war eben der Gedanke gekommen, euch zu besuchen.« Die arme Familie hatte an diesem Tag ausnahmsweise ein schönes Essen. Sie aßen zusammen und waren voller Freude. Als die Frau des reichen

Kaufmanns das Mädchen sah, war sie sehr beeindruckt von seiner Schönheit, und so gab sie ihr die goldenen Ringe. Die reiche Frau ging dann nach Hause, die arme Frau sagte zum Schluß: »Geh in Frieden mit Allah!«

Sie war sicher, daß ihr Gemahl sich freute, aber ganz im Gegenteil; die Nachbarn riefen alle: »Wie konntest du so etwas tun!«

Als der arme Mann am Abend von seiner Arbeit kam, da berichtete ihm seine Frau alles. Der arme Mann war dagegen und sagte nur: »Sie halten mich für einen Narren. Wenn sie morgen kommen und die Ringe abholen, so werde ich mich für immer schämen.«

Am Morgen schickte die reiche Frau ihre Dienerin, um die Ringe abzuholen. Da sagte die arme Frau: »Seht ihr, euer Vater hat recht, was soll eine reiche Familie mit der armen Familie anderes tun als sie rauszuwerfen.«

Der Sohn der armen Familie hörte das alles und beschloß, in der Nacht fortzulaufen. Als die Nacht kam, ging der arme Sohn. Er ging bis in eine reiche Stadt. Da sah er einen Mann und fragte ihn: »Könntest du mir sagen, wo ich die nächste Stadt finden kann?«

Der Mann war ein Derwisch. Er fragte den armen Sohn: »Was machst du in der Nacht hier?« Der arme Sohn erzählte ihm alles. Der Derwisch fragte den Jungen: »Kannst du mir deine schöne Schwester zur Frau geben, so soll es dir gut gehen.« Der arme Sohn sagte: »Ja.« Der Derwisch ging mit dem armen Sohn nach Hause. Als die Familie die Tür aufmachte, sahen sie den reichen Derwisch. Der arme Sohn erzählte ihnen alles. Die Eltern willigten sofort in die Heirat ein.

Der Derwisch verbrachte die Nacht mit der Tochter, und in der Morgendämmerung verließ er das Haus des armen Mannes. Als die Tochter aufwachte, fand sie hundert Goldstücke unter ihrem Kissen, und am anderen Morgen war es ebenso, bis sie eine sehr hohe Summe hatte. Der Derwisch sagte: »Nehmt das Geld, es gehört euch. Kauft davon ein schönes großes Haus und richtet es mit kostbaren Gegenständen ein.«

Die Kaufmannsfamilie war währenddessen beschäftigt, die Hochzeit des Sohnes vorzubereiten. Die reiche Familie wollte die arme Familie zur Hochzeit einladen. In dieser Nacht sagte der Derwisch zu seiner Frau: »Morgen wird der Sohn deines Onkels heiraten. Sie werden eine Dienerin zu euch schicken, um euch einzuladen.«

Die Frau des Derwischs ging hin, und die Kaufmannsfamilie sah, daß sie eine bezaubernde junge Frau war. Da trat der Sohn des reichen Kaufmanns ein. Er sah die Tochter seines Onkels, und sie gefiel ihm so sehr, daß er seiner Mutter heimlich zuflüsterte: »Ich wünsche mir diese und keine andere als Braut.« Die Frau des Derwischs hörte das, sprang auf und schrie: »Wie kannst du es wagen, mich zu heiraten, ich habe schon einen Mann geheiratet. Das ist der Derwisch. Und außerdem würde ich dich nie heiraten, weil du mir die Ringe weggenommen hast!«

Die Mutter und ihre Tochter kehrten dem Haus den Rücken. Sie gingen nach Hause und warteten auf den Derwisch.

Endlich kam er, und seine junge Frau erzählte ihm alles. Der Derwisch sagte: »Wenn du mich magst, so kannst du über die Familie deines Onkels ein Urteil sagen.« Die Tochter sagte: »Sie sollen so arm sein wie wir es waren«, und so geschah es.

Da lebte die Kaufmannsfamilie sehr unglücklich, dagegen war die andere Familie sehr reich, und sie lebten lange Zeit.

Erzählt und aufgeschrieben von Raschida und Khadija Nassiri

Aus Marokko

DER DERWISCH

In einer großen Stadt lebte einmal ein Derwisch, der zwei Töchter hatte. Die eine war seine rechte Tochter, und die schönste und fleißigste war seine Stieftochter. Sie hieß Ouard, das heißt Rose.

Aber die beiden Töchter konnten sich nicht leiden. Die faule war hochmütig wegen ihrer Schönheit, aber die Stieftochter war so schön, daß sie zum Mond sagen konnte: »Verschwinde, damit ich an deiner Stelle leuchten kann!«

So geschah es, daß der Derwisch ein goldenes Fohlen kaufte. Nun baute er einen goldenen Stall. Denn er war ein reicher Kaufmann. Eines Tages baten die Töchter, das Fohlen sehen zu dürfen. Der Derwisch nahm seine Töchter zum Stall mit. Die Schwestern waren entzückt von dem goldenen Fohlen. Da streichelte die Faule das Fohlen und ging weg. Aber kaum streichelte Ouard das Fohlen, da leckte es ihre Hand.

Am nächsten Tag war das Fohlen krank. Der Derwisch fragte den Wesir nach einem Rat wegen der Krankheit des Fohlens. Der Wesir jedoch wußte keinen Rat. Da ging der Derwisch ganz traurig zu einem Zauberer und erzählte ihm seine Geschichte.

Nun antwortete der Zauberer: »Du mußt wissen, mein Herrscher, daß Tiere auch Gefühle haben wie Liebe und Haß so wie wir Menschen. Ein Tier bekommt Trauer, wenn es weit entfernt ist von dem, der es liebt. Gestern haben deine Töchter das goldene Fohlen besucht. Befiehl, o Herrscher, daß deine Töchter einzeln zu ihm in den Stall gehen, und wir werden sehen, was geschieht!«

Der Derwisch fand diesen Gedanken gut, und er ließ seine beiden Töchter zu dem Stall mit dem Fohlen gehen. Die Faule sah es nicht einmal an, aber als Ouard eintrat, sprang es wild umher und wurde gesund.

Da sagte Ouard zu ihrem Vater, sie möchte in dem Stall wohnen. So geschah es. Eines Nachts erwachte Ouard und sah im Halbschlaf eine Gestalt. Da zitterte sie am ganzen Leib und wollte um Hilfe rufen. Aber es war ein Jüngling, der in Gold gekleidet war. Er hielt ihre Hand und sagte: »Ich bin das goldene Fohlen. Es war eine böse Hexe, die mich verzaubert hat, aber du darfst das Geheimnis nicht verraten. Sonst werde ich in eine silberne Taube verwandelt.« Ouard behielt das Geheimnis für sich.

Eines Tages geschah es, daß ihre Schwester sie sehr ärgerte und sagte: »Du hast ein häßliches Fohlen.« Da konnte Ouard es nicht mehr aushalten und verriet das Geheimnis. Kaum hatte sie es ausgesprochen, so verwandelte sich der Jüngling in eine silberne Taube. Nun weinte Ouard, und keiner konnte sie trösten.

Da ging sie weit weg in eine andere Stadt. Ouard blieb unter einem Baum stehen, bis die Nacht kam. Gerade wollte sie weggehen, da sah sie eine silberne Taube, die saß auf dem Baum und sang:

»Das Gold verwandelt mich in Silber.
Der Wein überschwemmt mich.
Laß mich im Stall sitzen
und meine Ehre mich beschützen.«

Und da stieg der Jüngling vom Baum und nahm Ouard mit zu seinem Vater. Sie lebten glücklich und vergnügt bis an ihr Ende.

Erzählt von Raschida Nassiri, aufgeschrieben von Raschida Nassiri und Anke Menne

Der gestiefelte Kater

Hänsel und Gretel

Dornröschen

Schneewittchen und die sieben Zwerge

Der kleine Häwelmann

Rotkäppchen

ANMERKUNGEN

Rudolf Messner: Kinder und Märchen

1 Wesentliche Argumente der folgenden, im Gewande eines Märchentextes erzählten Rezeptionsgeschichte der Grimmschen Märchen – mit besonderer Aufmerksamkeit für das Verhältnis Kinder und Märchen – stützen sich auf Bastian 25ff., 45ff. sowie 298ff. Es finden sich jedoch auch Anspielungen auf die Biographie der Brüder Grimm (vgl. Gerstner und neuerdings Rölleke 1985), auf Veränderungen, die Wilhelm Grimm in späteren Ausgaben am Text des Märchens »Rapunzel« vorgenommen hat, auf die moralisierende Märchen-Rezeption in den Schulen der wilhelminischen Ära, auf die Märchen-Kritik Gmelins und anderer, auf Fetschers Märchen-Verwirrbuch, auf Bettelheim (1977), auf den neuesten Versuch einer gesellschaftlich-kulturhistorischen Relativierung der Märchen durch Schenda und Doderer und schließlich auf die Ausstellung »Der Grimm auf Märchen« (vgl. Fahrenberg/Klein).

2 Für die Mitarbeit und Hilfe bei den Befragungen danke ich Petra Mazet, Annelies Messner, Brigitte Wehmeyer und Iris Schmied-Kowarzik.

3 Alle Märchen-Zitate, auch an anderen Stellen, sind der von Heinz Rölleke herausgegebenen dreibändigen Reclam-Jubiläumsausgabe 1985/86 entnommen.

4 Vgl. für das Folgende Zipes, bes. 17–40 (darin auch Literaturhinweise auf Delarue und Soriano sowie Rumpf 1951 und 1957). Diether Röth verdanke ich den Hinweis auf den für die Zeit *vor* Perrault durchaus hypothetischen Charakter der von Zipes referierten »Rotkäppchen-Biographie«. Die zivilisationstheoretische Stringenz der Argumentation darf das Fehlen konkreter Textbeweise aus der frühen Neuzeit nicht verdecken. Röth weist auch darauf hin, daß man in der Motivgeschichte der Märchen präziser zwischen dem gefräßig-zerreißenden und dem magisch-verschlingenden Wolf (wie im

»Rotkäppchen«) unterscheiden muß. – Zur Schwierigkeit der geschichtlichen Rekonstruktion von Märchen-Inhalten vgl. auch die sehr instruktive Abhandlung von Scherf, bes. 1–8 und 23 ff.

5 Oder an anderer Stelle über Märchentexte von der Art des Rotkäppchens: »Hier geht es offenbar um Schreck-Erzählungen internationaler Verbreitung; die Aufklärer waren ganz und gar nicht der Meinung, daß man mit solchen Ammenmärchen die Kinder aufziehen sollte« (38).

6 Vgl. dazu Heinz Röllekes »Nachwort« der Reclam-Jubiläumsausgabe 1985/86, Bd. 3, 598ff., 607f. und 616f.

7 Vgl. neben Bettelheim 1977 auch Bettelheim 1982 sowie Bühler und zu Kleins Theorie der »guten« und »bösen« Objekte. Laplanche/Pontalis 1972, Bd. 2, 344ff.

8 Heißt genau: »Der Froschkönig oder der eiserne Heinrich«.

9 Wesentliche Anregungen zu dem hier entwickelten Verständnis von Eigenart und Bedeutung menschlicher Phantasie entstammen einer Studie von Schäfer, bes. 48–96.

10 Das nur in seiner zweiten Hälfte wiedergegebene Gespräch stammt von Petter; hier zitiert nach Rauh, 216.

11 Obwohl solche Deutungsmöglichkeiten überhaupt über psychoanalytische Konzepte hinausgehen, sei auf die Märcheninterpretationen in der Jungschen Tradition verwiesen, die ebenfalls stärker auf die Beziehung der Märchen zu universellen »archetypischen« Phantasiegehalten abheben und sie als Hilfe zur menschlichen Reifung (Individuation) verstehen (vgl. z.B. die Arbeiten von Mario Jacoby und Verena Kast; zuletzt von Franz).

12 Max Lüthi hat wohl am eingängigsten die Formmerkmale und Stilmittel von Volksmärchen herausgearbeitet: Eindimensionalität, Flächenhaftigkeit, abstrakter Stil, Isolation und Allverbundenheit, Sublimation und Welthaltigkeit. Vgl. dazu Lüthi ^{2}1960, 8ff. und Lüthi ^{4}1971, 27ff.

13 Der Sachverhalt, daß Märchen, je nach deren individueller Entwicklung, für einzelne Kinder eine je unterschiedliche

Bedeutung besitzen können, macht es oft sehr schwierig (oder unmöglich), die scheinbar so kindgemäßen Märchen in der *Groß*gruppe einer Schulklasse angemessen zu rezipieren (d.h. unter lebendigem Einbezug des Miterlebens und der unmittelbaren Reaktionen jedes Kindes). Zur Arbeit mit Märchen im Unterricht vgl. Ellwanger/Grömminger, 80ff., Dinges passim.

14 Vgl. Ron Brooks und Jenny Wagner: Die Reise des einsamen Umirs. Köln 1978 (Benzinger).

15 Vgl. etwa die von Hans-Joachim Gelberg herausgegebenen »Jahrbücher der Kinderliteratur«.

Literatur

Bastian, Ulrike: Die »Kinder- und Hausmärchen« der Brüder Grimm in der literaturpädagogischen Diskussion des 19. und 20. Jahrhunderts. Frankfurt a. M. 1981 (Haag und Herchen)

Bettelheim, Bruno: Kinder brauchen Märchen, Stuttgart 1977 (DVA)

Bettelheim, Bruno: Rotkäppchen war meine erste Liebe. In: Grundschule 14 (1982), 595–598

Bühler, Charlotte: Das Märchen und die Phantasie des Kindes. Leipzig 1929

Dinges, Ottilie (Hrsg.): Märchen in Erziehung und Unterricht. Veröffentlichungen der Europäischen Märchengesellschaft Band 9. Kassel 1986 (Röth)

Doderer, Klaus (Hrsg.): Über Märchen für Kinder von heute. Weinheim 1983 (Beltz)

Ellwanger, Wolfram und Grömminger, Arnold: Märchen – Erziehungshilfe oder Gefahr? Freiburg 1977 (Herder)

Fahrenberg, WP und Klein, Armin: Der Grimm auf Märchen. Ausstellungsband. Marburg 1985/86

Fetscher, Iring: Wer hat Dornröschen wachgeküßt? Das Märchen-Verwirrbuch. Frankfurt a. M. 1974 (FTB)

von Franz, Marie-Luise: Psychologische Märcheninterpretation. München 1986 (Kösel)

Gerstner, Hermann: Brüder Grimm. Rowohlts Monographien Nr. 201. Reinbek bei Hamburg 1973

Gmelin, Otto F.: Böses kommt aus Märchen. In: Die Grundschule 7 (1975), 125–131

Grimm, Brüder: Kinder- und Hausmärchen. 3. Bde., hrsg. von Heinz Rölleke, Stuttgart 1985/86 (Reclam)

Laplanche, J. und Pontalis J.-B.: Das Vokabular der Psychoanalyse. 2 Bde. Frankfurt a.M. 1972 (Suhrkamp)

Lüthi, Max: Das europäische Volksmärchen. Form und Wesen. Bern 1960

Lüthi, Max: Märchen. Stuttgart ^{4}1971 (Metzler)

Rauh, Hellgard: Entwicklung des Denkens. In: Weinert, F. E. u. a. (Hrsg.)Funk-Kolleg, Pädagogische Psychologie 1. Frankfurt a. M. 1974, 211–249

Ritz, Hans: Die Geschichte vom Rotkäppchen. Göttingen ^{6}1983 (Muri)

Rölleke, Heinz: Die Märchen der Brüder Grimm. Zürich 1985/6 (Artemis)

Rumpf, Marianne: Rotkäppchen. Eine vergleichende Märchenuntersuchung. Diss. Göttingen 1951

Rumpf, Marianne: Caterinella. Ein italienisches Warnmärchen. In: Fabula 1 (1957), 76–84

Schäfer, Gerd E.: Spiel-Spielraum und Verständigung. Habil. Würzburg 1985 (liegt inzwischen in gekürzter Fassung unter demselben Titel als Buch vor: Weinheim und München 1986, Juventa)

Schenda, Rudolf: Märchen erzählen – Märchen verbreiten. Wandel in den Mitteilungsformen einer populären Gattung. In: Doderer (Hrsg.) a. a. O. 1983, 25–43

Scherf, Walter: Bedeutung und Funktion des Märchens. Sonderdruck für die Mitglieder der Europäischen Märchengesellschaft. München 1982 (Internationale Jugendbibliothek)

Wagenschein, Martin u. a.: Kinder auf dem Wege zur Physik. Stuttgart 1973 (Klett)

Zipes, Jack: Rotkäppchens Lust und Leid. Biographie eines europäischen Märchens. Frankfurt a. M. erw. Ausg. 1985 (Ullstein)

1 Wer Lust dazu hat, der möge im Vergleich zum »treuen Johannes« (KHM 6) den Meisterdieb (KHM 192) lesen. Dieser hat vergleichbare Kunststücke zu vollbringen wie der treue Johannes. Er hat das Leibpferd des Königs zu stehlen, das Bettuch des Königs und seiner Gemahlin, nebst dem Trauring der Königin, und zuletzt stiehlt er noch Pfarrer und Küster lebendigen Leibes aus der Kirche. Der Meisterdieb handelt auch im Auftrag eines Königs bzw. eines Grafen. Es geht dabei aber um den Beweis der hohen Fähigkeiten des Meisterdiebes selbst, der damit seine Souveränität in eigener Regie beweist.
Die Taten des treuen Johannes dagegen stehen alle im Kontext des absoluten Gehorsams und der getreuen Pflichterfüllung. Der »Meisterdieb« hat es erlernt, das Leibpferd des Königs zu beherrschen – was Zügelung der eigenen starken Triebkräfte bedeuten könnte. Dem Prinzen im »treuen Johannes« wird ähnliches nicht zugetraut. Ihn soll der treue Johannes vor der schicksalhaften Macht der Liebe bewahren, weil sein sterbender Vater angenommen hatte, daß der Sohn den Aufgaben der ich-gerechten Triebbewältigung nicht gewachsen wäre. Ohne die Hilfe des treuen Johannes wäre er ja auch mehrfach Tod und Verderben ausgeliefert gewesen, anstatt sein Glück zu erringen.

2 Lieselotte interessierte sich neuerdings für biblische Geschichten und hatte im Religionsunterricht von der von Gott befohlenen, dann aber doch verhinderten Opferung Isaaks durch seinen Vater Abraham gehört. Daran hatte ich auch unversehens gedacht.

3 Die Welt besser bestehen (zum 25. Todestag Sigmund Freuds In: Frankfurter Rundschau vom 23. 09. 6)

Literatur

Bettelheim, Bruno: Kinder brauchen Märchen. München 1981 (dtv)
König, Hans-Dieter: Reagen als »Westerner«. In: Psyche 39. Jg., Heft 2, Februar 1984, 152–174
Mallet, Carl-Heinz: Kennen Sie Kinder? München 1985 (dtv)
Mitscherlich, Alexander und Margarete: Die Unfähigkeit zu trauern. München 1967 (Piper)
Stiasny, Kurt: Was Grimm'sche Märchen erzählen. Band II. Schaffhausen 1983 (Novalis)

ÜBERSICHT